コップひとつから始める
ゆる〜い野菜づくり

家の光協会

キッチンやベランダで

ゆる〜く 野菜づくりを始めよう

自分で野菜を育ててみたい。
そう思ったら、まずはキッチンで、ゆる～く育てられる「コップ栽培」がおすすめ。
必要なのは、プラスチックのカップと少量の土、そして種だけ。
育てる手間もかんたんで、収穫までの日数も長くはかかりません。
欲しいときに、その場でちょっとずつ収穫できて、長く楽しめます。
もう少し本格的な野菜づくりに挑戦したい人は、プランターを使ってベランダ菜園を。
本書では、ビギナーの方にもつくりやすい野菜にしぼって紹介しているので、
庭や広い場所がなくても、特別の知識や技術がなくても、りっぱに育ちます。
自分で手づくりするからこそ、安全でなによりおいしいおうち野菜、
さっそく今日から始めませんか。

Contents

VEGETABLE

本書の使い方

この本では、3つのステップに分けて野菜づくりを紹介しています。
育てたい野菜の種類や、栽培の経験、自宅の環境などに応じて、
自分に合ったところからスタートしてください。

野菜を育てるのははじめて

今すぐに始めたい。
できるだけ早く収穫して
食べたい

使いたいときに
すぐ収穫できる
キッチン近くで育てたい

トマトやキュウリなど
人気の高い実もの野菜を
育ててみたい

ベランダや庭に
空きスペースがある

プランターで野菜を
育てたことがある

ナスやピーマンなどの
鈴なり野菜に
チャレンジしてみたい

step 1

→ P.7

コップ栽培へ

レタスミックス、ミズナ、ラディッシュ、ミツバ、バジル、ローズマリー、ルッコラ、ネギ、など

step 2

→ P.37

スピード野菜・ミニ野菜へ

ミニトマト、ミニキュウリ、ジャガイモ、ミニチンゲンサイ、スナップエンドウなど

step 3

→ P.59

鈴なり野菜・葉もの野菜へ

ナス、ズッキーニ、ピーマン、エダマメ、ミニキャベツ、スティックブロッコリーなど

＊コップ栽培の「収穫までの目安」「リサイクルの目安」「種まきの時期」は、それぞれの野菜にもっとも適した気温や条件の場合です。季節や地域、栽培環境、品種などによって異なります。

＊プランター栽培の種まきや植えつけ、収穫の時期を示した栽培カレンダー（calendar）は、一般地（関東南部）を基準にしています。地域、栽培環境、品種などによって作業時期が異なりますので、種袋の表示などをもとに栽培してください。

＊プランター栽培の肥料は、500倍の液体肥料を基本にしています。希釈倍率は肥料によって異なりますので、ラベルの表示どおりに使ってください。

Step 1 コップ栽培

コップ栽培の魅力は、なんといっても手軽なこと。
土と種さえあれば、家にある道具で育てられて、
種まきから収穫まであっという間です。

コップ栽培は こんなに手軽で、便利！

コップ栽培は、いつでも、どこでも育てられて、いつも新鮮な野菜が食べられます。
必要なのは、基本的にはプラスチックカップと種と土のみ。
道具類は、すべて身の回りにあるものでまかなえます。カップの中が、我が家のミニ菜園です。

身近な材料で1年じゅう楽しめるのがコップ栽培。早いものだと種まきから、7日で初収穫。失敗が少なく、とりたての野菜が味わえます。コップは日当たりのよい窓辺やベランダに置いて、土が乾かないように水やりします。

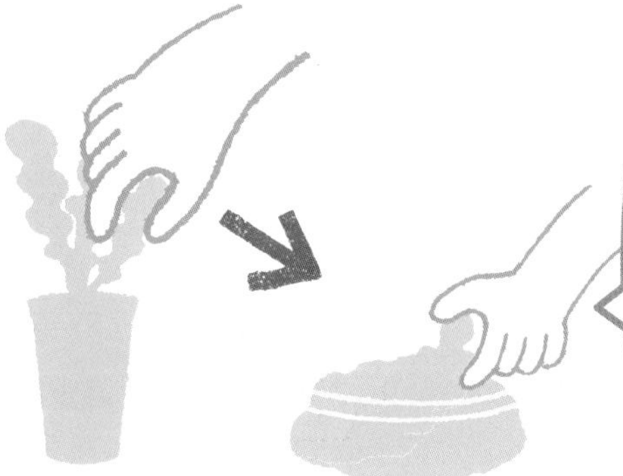

毎日の料理に便利な葉ものや香味野菜、ハーブ類は、必要なときにちょこっとずつ収穫して、長く楽しめます。キッチンにあれば香りのよい摘みたてのハーブが欲しいときにすぐ使えます。

残り野菜も再利用できて、何度でも収穫できます。根っこを植えれば再生する野菜は、捨てる前にリサイクル。生長過程も楽しみの1つです。

必要な容器や道具は身近にあるもので

コップ栽培でよく使う容器や道具を紹介します。
ここにあげたものは例なので、なければ、家にあるもので代用してください。

プラスチックカップ

底に水抜きのための穴をあけるだけで立派な鉢に変身。繰り返し使えて根が伸びる様子も観察できます。容量500mℓ以上がおすすめです。

種

コップ栽培に適しているのは、レタスやミズナなどの葉ものとラディッシュやミニニンジンなどの小さな根もの野菜です。

紙コップ

葉もの野菜が育つ1か月程度なら、強度は十分。身近な材料で野菜づくりをはじめるにはぴったりです。

土

市販の種まき用の培養土を使います。粒が細かく、小さな種が埋もれることなく発芽しやすいのでおすすめです。

鉢底石（軽石）

コップの底に入れて水はけをよくします。軽石はすきまがたくさんあるので水や空気がよく通ります。

霧吹き

種をまくときや土の表面を湿らせたいときなど、おもに種まき以降の水やりのときに使います。

スティック

種1つまみ分を測るのに便利なコーヒーのスティック。種をのせて軽く振るだけで、種まきができます。

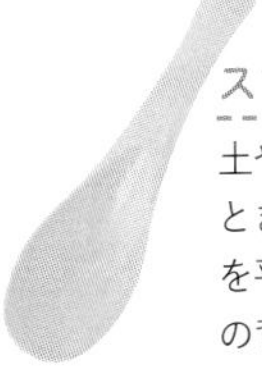

スプーン

土や苗をすくい、かき混ぜるときに使います。土の表面を平らにするときはスプーンの背が重宝します。

目打ち

プラスチックカップをはじめ、容器に水抜き用の穴をあけるための道具です。紙コップは、竹串でもあけられます。

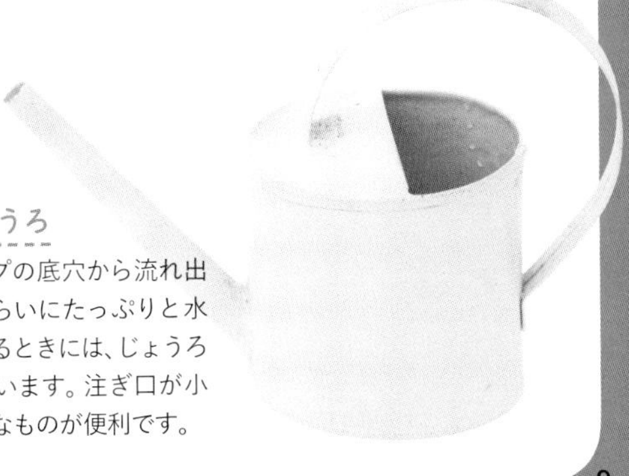

じょうろ

コップの底穴から流れ出るくらいにたっぷりと水をやるときには、じょうろを使います。注ぎ口が小ぶりなものが便利です。

コップ栽培 ①

基本の野菜

種まきから収穫まで

コップ栽培の基本を、レタスミックスを例に紹介します。土の準備や種まき、間引きのプロセスは同じなので、ここでしっかりマスターしましょう。

レタスミックス

種まきから約1か月で収穫。大きな葉を1枚ずつ切り取ってサラダで

収穫までの目安 30 days

野菜づくりのビギナーにおすすめなのが、レタスミックスです。根元を残して葉を切って収穫すれば、新しい葉が次々と出てくるので、長く利用できてお得です。葉の色や形の違う数種類の種が混ざっていて、見た目もきれいです。

種まきの時期 一年じゅう

1 種まき前の準備

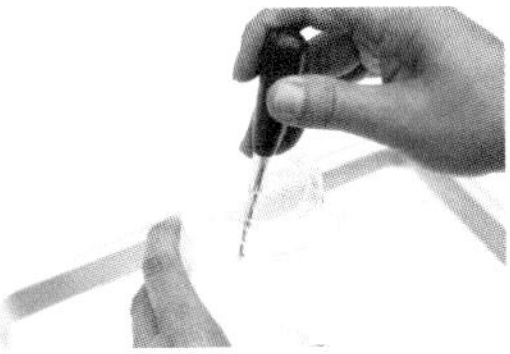

プラスチックカップの底に、目打ちを使って直径2mmくらいの水抜き用の穴を5つあけます。

カップの底に1cmくらいの厚さで鉢底石を入れます。鉢底石を入れると、水はけと通気性がよくなります。

種まき用の土をカップに入れます。スプーンの背で軽く押さえて平らにならし、約9分目まで土を入れます。

種まきの前に水やりします。じょうろか霧吹きで余分な水が流れ出るくらいの量を与えます。

2 種をまく

1つまみの種を取り、種同士が重ならないよう全体にぱらぱらとまき、種がかくれるくらいの土をかけます。

スプーンの背で軽く押さえて、土の表面を平らにします。

種まき後の水やりは霧吹きを使います。種が乾かないように、土の表面をまんべんなく湿らせます。

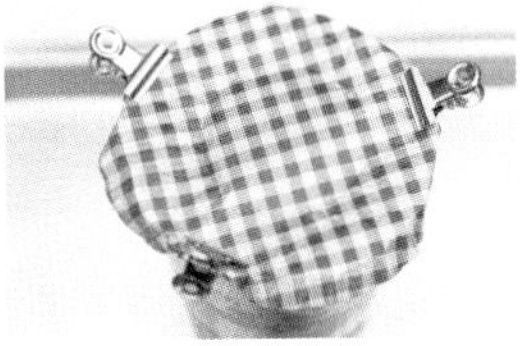

土が乾かないように、丸く切った紙でふたをして、周囲をクリップでとめます。ときどき水やりをします。

3 10日後、細い株を抜く

芽が出てきたら、ふたをはずして日に当てます。株が混んだところは、細い株を間引きます。

4 20日後、さらに細い株を抜く

葉が混み合ってきたら、弱々しい株を間引きます。間引き菜は食べられます。

5 収穫しながらさらに育てる

葉の長さが約10cmになったら、1枚ずつハサミで切り取ります。しばらくたつと新しい葉が伸びてきます。

ミズナ

歯ざわりがよくてサラダにぴったり。
よく育つので種のまきすぎに気をつけて

収穫までの目安
30
days

種まきの時期
春と秋

シャキシャキとした食感が人気のミズナ。種をたくさんまきすぎると1株が小さくなってしまうので、途中で3〜4割程度を間引きます。若くてやわらかい葉を長期間楽しみましょう。

1 種まき前の準備

プラスチックカップに底穴をあけて、鉢底石を敷いて土を入れます。じょうろでたっぷりと水やりして、土を湿らせておきます。

2 種をまく

½スティック分の種をまき、種が隠れる程度に土をかけて平らにします。霧吹きで土の表面をまんべんなく湿らせます。発芽まで土を乾かさないように水やりします。

3 14日後、細い株を抜く

葉が伸びてきたら、混んだところを間引いて6割程度に株数を減らします。

4 収穫しながらさらに育てる

葉の長さが15〜20cmになったら、根元から切り取ります。しばらくすると新しい葉が伸びて長く楽しめます。

ラディッシュ

赤い根がかわいいダイコンの仲間。
途中で土を足して根を太らせます

収穫までの目安
40 days

外側の赤色と切り口の白の色合いが鮮やかで、カリカリとした歯ごたえは、サラダに重宝します。真夏を除いていつでもつくれるお手軽野菜で、コップ栽培では40日くらいでできます。

種まきの時期
真夏をのぞいて
1年中

1 種まき前の準備

プラスチックカップに底穴をあけて鉢底石を敷いて土を入れます。じょうろでたっぷりと水やりして、土を湿らせておきます。

2 種をまく

間隔をあけて5〜9粒の種をまきます。土をかけて表面をならし、霧吹きでしっとりするくらいまで湿らせてふたをします。

3 10日後、細い株を抜く

本葉が伸びてきたら元気のよい2〜3株を残して、間引きます。土の量が減ってきたら土を足してもよいでしょう。

4 収穫する

赤い根が丸く太って、土から顔を出したらとりごろです。根元を持って引き抜きます。

コップ栽培 ②

便利野菜

料理に少しずつ使えて重宝！

短期間につくれて繰り返し収穫できるコップ栽培は、必要なときにちょっと摘み取るハーブや葉を利用する野菜に適しています。

さわやかな香りの和風ハーブ

ミツバ

日本原産の野菜で、独特の香りが持ち味。茎の長さによって用途を使い分けるとよいでしょう。

茎が長い葉はややかため

茎が伸びると葉がかたくなるので、茎が長いものは火を通して。短いものは生食向きです。どちらも香りのよさは変わりません。

種まきの時期

春

刺激的な風味の香辛料

サンショウ

苗を植えるのがかんたん。挿し木の場合、湿度の高い時期に、それ以外はビニールをかぶせます。

挿し木でふやす

長さ10〜15cmの枝の葉をすべて取り、水を含ませた土に半分くらいまで挿し込みます。約1週間で根が出てきます。

▼

わき芽が伸びる

根が生長をはじめるとともに、節の部分からわき芽が伸びてきます。このまま育てて、やわらかい葉を収穫します。

種まきの時期

苗：冬／挿し木：6月と10月

トマトとの相性抜群のイタリアンハーブ

バジル（p.25も参照）

フレッシュな香りと風味が魅力。花が咲くと葉がかたくなるので、つぼみのうちに摘み取ります。

葉のすぐ上を切って収穫

葉のつけ根からわき芽が伸びるので、収穫するときは葉のすぐ上で切り取ります。

▼

わき芽から葉が茂る

わき芽が伸びてきたら、収穫を兼ねてバランスよく形を整えていきます。

種まきの時期

春から秋にかけて

肉の臭みを消して風味アップ

ローズマリー

肉や魚の臭い消しの効果があり、ローストするだけでスパイシーな香りがたちます。

根を軽くほぐす

種から育てることもできますが、苗を植えるのが簡単。ポットからはずして、コップの大きさに合わせて根を軽くほぐします。

▼

土を入れる

コップに株を入れて、まわりから土を入れます。底をトントンとたたいて土を落ち着かせ、たっぷりと水やりします。

鮮烈な香りがやみつきになる

パクチー

コリアンダー、香菜《シャンツァイ》とも呼ばれるセリの仲間。葉は香りのよいハーブ、種はスパイスとして楽しめます。

芽が出てくるまで時間がかかるので、2週間ほど気長に待ちます。よく日が当たるよう、間引きをします。20cmくらいになったら収穫して大丈夫です。

種まきの時期

春と秋。1年じゅう育てられる品種も

収穫までの目安 **40** days

クセがないのでいろいろな料理に使える

スイスチャード

ホウレンソウの仲間で、多少水やりを忘れていても、しっかり育っていく丈夫さが魅力です。

生命力が強い分、種のまきすぎや育ちすぎに注意します。育ちすぎるとかたくなってしまううえに苦くなるので、10cmくらいの若いうちに収穫をすませます。

種まきの時期

春と秋

収穫までの目安 **60** days

まろやか味の西洋アサツキ

チャイブ

育て方は基本的にネギと同じ。和洋中いずれの料理にもマッチする便利なハーブです。

葉が20cm程度に伸びたら、根本2～3cmを残して切ります。そこから新しい芽が出てきます。収穫を繰り返すと、そのうちに太い葉が出てしっかりします。

種まきの時期

春と秋

収穫までの目安 40 days

鉄分たっぷりの緑黄色野菜の王様

ホウレンソウ

間引きをしたやわらかい葉もサラダなどで楽しめます。日照時間が少なくても育ちます。

種まきはやや少なめに。双葉はヒョロッと細長く、本葉になるとおなじみの形になります。15cmほどになったら食べたい分だけ根元から切るか、根ごと引き抜いて収穫します。

種まきの時期

春と秋。1年じゅう育てられる品種も

収穫までの目安 30 days

大人な苦みも魅力

リーフチコリ

結球しないチコリの仲間。大きく育つとほろ苦さが出て、刻めばスパイスの代わりになります。

芽が出たら日当たりのいい場所に。新しい葉がどんどん出てくるので、外葉から摘み取っていけば長期間収穫し続けられます。

種まきの時期

1年じゅう

収穫までの目安 **60 days**

かわいい見た目で、甘みもたっぷり

ミニニンジン

コップで育てると大きさは制限されますが、肥料をやらなくても、濃い味に育ちます。

発芽するまで時間がかかりますが、気長に育てます。本葉が出てきたら、葉同士がくっつきすぎないように間引きを。

種まきの時期

1年じゅう。とくに夏がつくりやすいです

収穫までの目安 **80 days**

特有の香りが食欲をかきたてる

シュンギク

関西では「キクナ」と呼ばれます。新鮮なほどビタミンCが豊富なので、とくにおうちで育ててほしい野菜です。

種まきは、やや少なめにするのがポイント。やわらかい葉を収穫しながら育てます。根を残しておけば、1か月ほど収穫し続けることも。アブラムシがついたら、手でつぶすなどして取り除きます。

種まきの時期

1年じゅう。ただし、冬は発芽まで外に出さないようにします

収穫までの目安
70
days

カプサイシンで新陳代謝が活性化

トウガラシ

丈夫で育てやすい、初心者向けの野菜。赤くてかわいい実なので、キッチンが明るくなります。

収穫まで時間がかかりますが、1本あれば十分な収穫量があります。熟した実を摘んでもよいですし、株全体を刈り取って、日陰で乾燥させながら保存するのもおすすめ。苗から育てるととてもかんたんです。

種まきの時期

4月の終わりから5月初旬にかけて

収穫までの目安
開花から
50
days

ルッコラ

ベビーリーフで収穫を。
植え替えれば大株に

収穫までの目安
14 days

ゴマの風味のイタリアンハーブです。卵パックに種をまいて収穫しても、大きなコップに植え替えてさらに育ててもかまいません。植え替えはスプーンで土ごとすくうだけ、卵パックなら簡単です。

種まきの時期
室内なら一年じゅう

こんな空き容器も使えます

あまった容器を鉢代わりにリサイクル。
ふたに通気用の穴のあるものはそのまま、ないものはあけて使います。

卵パック

仕切りがあるので苗づくりもできる。コマツナやホウレンソウなどにも。

1 種まき前の準備

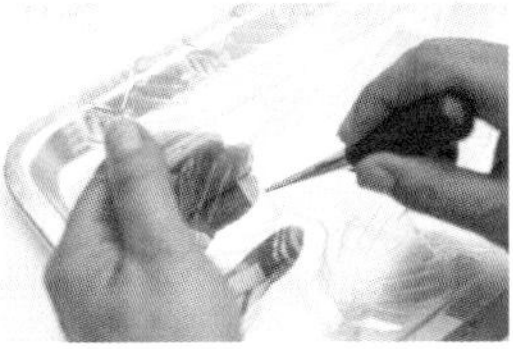

卵パックのとがったほうの底に、目打ちで1つずつ水抜き用の穴をあけます。

穴をあけたほうを下にしてくぼみに土を入れます。スプーンの背で押さえて表面を平らにならします。

底穴から水が流れ出るくらいに、霧吹きでたっぷりと水やりします。

2 種をまく

1か所につき¼スティック分（1つまみ）の種をまき、土をかけて霧吹きで湿らせます。

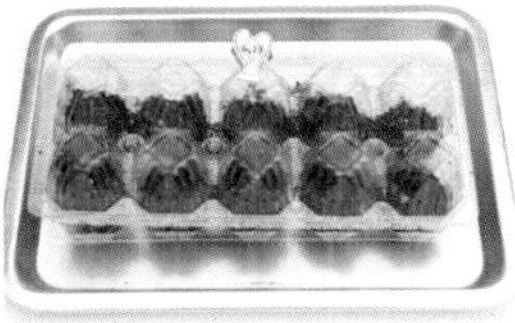

ふたをかぶせてクリップでとめ、その後、土を乾かさないように水やりします。

3 大きくするときは植え替える

葉の長さが5cmくらいになったら収穫できます。大きくする場合は本葉4～5枚のときに、くぼみの土ごとすくい取って大きなコップに植え替えます。

底に穴をあけたコップに鉢底石と土を入れ、中央にくぼみをつくり、土ごとすくった苗を置きます。

根元に土を足して平らにならし、じょうろか霧吹きで水やりします。

葉の長さが10cmくらいになったら、1枚ずつハサミで切り取ります。

Point!

2種類の野菜を同時に栽培

卵パックのくぼみごとに違う野菜の種をまくのもおすすめ。写真はコマツナとホウレンソウを半分ずつまいたものです。

つるなしインゲン

生長が早く、
一気にたくさん収穫できる

収穫までの目安
50 days

実をつける野菜のなかでは、とくにスピーディーに育つインゲン。植え替えと支柱が必要ですが、かんたんに育てられ、いったん育ってしまえば驚くほどたくさん収穫できます。食べるときは生もおすすめです。

種まきの時期
4～5月

ミニカップ＆フリーザーバッグ

種まきは、容器が小さいほど管理しやすいのでミニカップに。育ったらフリーザーバッグに植え替えます。

1 種まき前の準備

発芽しやすくするため、種まきの前日に、湿らせたティッシュで種を包み、ラップをして冷蔵庫に入れておきます。

ミニカップの底に水抜き用の穴をあけ、8〜9分目まで土を入れます。別のミニカップの底を使って、重ねて押せば、表面を平らにならせます。その後、霧吹きで、底穴から流れ出るくらい、たっぷり水やりします。

2 種をまく

種を2粒ずつ、ミニカップの中央に、重ならないように気をつけて、少し埋め込むように置きます。

種が隠れるようにスプーンで軽く土をかけます。もう1度、カップの底を使って、土の表面を平らにしたあと、霧吹きで土の表面を湿らせます。ふたをして土を乾燥させないように水やりをしながら、発芽を待ちます。

芽が出たら、日の当たる場所に移し、本葉が2〜3枚になったら元気なほうを残して1本に間引きます。間引いたものを別のカップに植え替えても。

3 大きな容器に植え替える

本葉が4〜5枚に生長したら植え替えます。水抜き穴をあけたフリーザーバッグに培養土を入れ、苗を植え込みます。自立するよう形を整えたら、たっぷり水やりします。

つるなしインゲンの高さに合わせた支柱を1本用意し、茎に沿うように立ててひもで結びます。

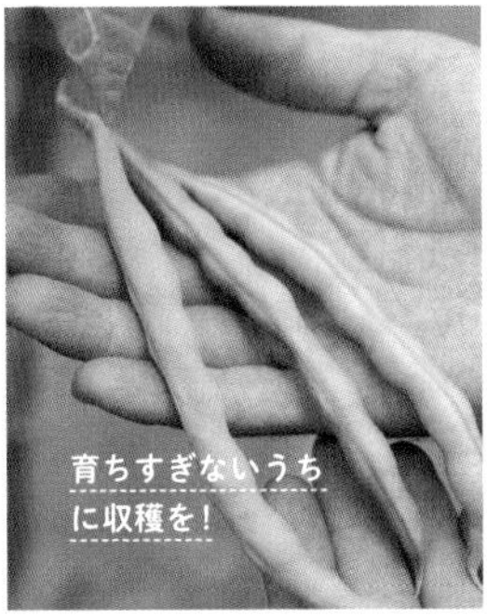

つるなしインゲンは、パッと花が咲いたと思ったら、いっせいに実るのが特徴です。15cmくらいの実になったら、早めに収穫します。

フルーツパック

このまま育てても植え替えても。シソやルッコラを小さめで収穫しても。

小ネギ

根元を残しておけば何度も楽しめる

「芽ネギ」の名で売られているのがコレ。5cmほどの若株を根元から切ってどんどん収穫すると太くなっていきます。

種まき

パックの底に穴をあけて、鉢底石と土を入れます。土を湿らせて1つまみの種をばらまき、土をかけて霧吹きで水やりします。

▼

ふたをする

フルーツパックはふたに穴があいているので、そのままふたを閉めて発芽させます。葉の長さが5cmくらいになったら収穫できます。

種まきの時期　1年じゅう

みそ汁の容器

白い容器はテーブルに置いても◎。葉の形がかわいいミツバなどにも。

イタリアンパセリ

葉を切り取って料理のアクセントに

葉が平らで香りは控えめなイタリアンパセリは、いろいろな料理に合うので、常備しておくと便利です。

種をまく

容器の底に穴をあけて、鉢底石と土を入れます。たっぷりと水やりして、1つまみの種を全体にまきます。

▼

ふたをする

種に薄く土をかけて平らにならし、霧吹きで水やりします。ふたに空気穴をあけてはめ込みます。

▼

芽が出たら ふたをはずす

芽が出てきたらふたをはずして、日当たりのよい場所で水やりしながら育てます。適当に間引きながら1～2株にします。

種まきの時期　春と秋

ミニトマトの容器

土がたくさん入るので1株で育てたり、コマツナなどの葉ものを育てるのに向く。

青ジソ

間引いて1本に、間引き菜もおいしい

香りがさわやかで、1株あると重宝するハーブです。間引きを重ねて1本に。暑くなるとぐんぐん生育します。

種をまく

容器の底に水抜き用の穴をあけて、鉢底石と土を入れます。土を湿らせた後、1つまみの種を全体に散らすようにまきます。

▼

ふたをする

土をかけて霧吹きで湿らせ、ふたをします。ふたに通気用の穴があいているので便利。発芽したらふたをはずし、間引いて間隔をあけ、最終的に1本にします。

種まきの時期　春から秋にかけて

サラダの容器

深さがあり、土がたくさん入るので、ミニニンジンやラディッシュなどに。

バジル

1株で十分、植え替えれば大株に育つ

丈夫で育てやすいハーブです。1本に間引いて葉を摘みながら育て、鉢に植え替えればさらに大きく育ちます。

種をまく

容器の底に穴をあけて、鉢底石と土を入れます。土を湿らせて¼スティック分(1つまみ)の種をまきます。土をかけて水やりします。

▼

ふたをする

空気穴をあけたふたをはめ、発芽を待ちます。発芽したらふたをはずして、間引きを重ねて1本に。やわらかい葉を収穫します。

種まきの時期　春から秋にかけて

コップ栽培 ③

再生野菜

コップでリサイクル栽培

葉もの野菜は、根つきのものであれば再生可能です。育て方はみな同じです。植えた根から伸びる新葉を収穫します。

おひたしや
てんぷらで

香りがあってやわらかい

葉ニンジン

根を植えておけば、根づいて新しい葉が生えてきます。根元をハサミで切って使ってください。

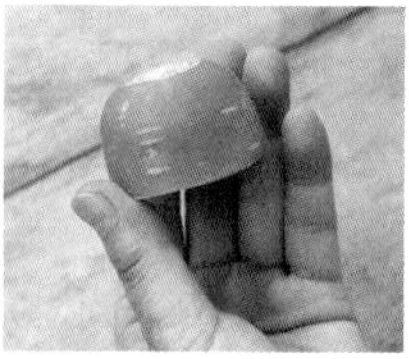

根を切る

葉がついていたほうを5cmほど切り取ります。

▼

植える

コップに土を入れ、中央に根を埋め込んでたっぷりと水やりします。葉を切った切り口のすぐ下まで土に埋めるようにします。

炒めたり
和え物にして

やわらかで素朴な土の香り

葉ゴボウ

ゴボウの葉は香りがよくて意外においしいものです。大きい葉をつけ根から切り取って利用します。

根を切る

根元を10cmくらい切り取ります。

▼

植える

コップに土を入れ、中央に根を埋めて葉の切り口のすぐ下まで土をかけます。たっぷりと水やりします。

丼物の彩りや
サラダに入れて

薬味や彩りに。
卵焼きに入れても

パラッと散らせば料理が引き立つ

根ミツバ

根を埋めておくだけで、新しい葉が伸びてきます。水耕栽培のスポンジつきのものは向きません。

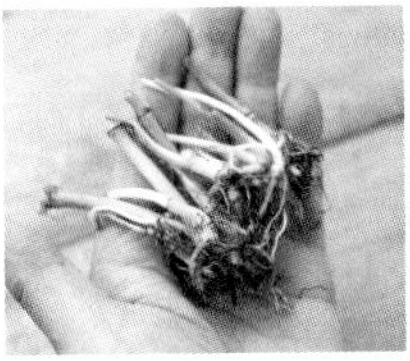

根を切る

茎を5cmくらいつけて根の部分を切り取ります。

▼

植える

コップに土を入れて、茎を5〜8本植えます。白い部分を埋めるように土をかけます。

グリーンがさわやか、定番香味野菜

葉ネギ

葉ネギの根を植えておけば、葉が再生します。乾燥に弱いので、購入後早めに植えてください。

植える

輪ゴムで10本程度をまとめて、白い部分を土に埋めます。輪ゴムは植えた後にはずします。

▼

収穫する

必要に応じて、地上部を2〜3cm残して切り取って使います。

ダイコン（葉）

歯触りよく栄養満点

小皿などでリサイクル栽培

リサイクル栽培も、どんな容器でも可能です。葉を茂らせすぎると野菜の勢いが落ちるので、こまめに収穫します。

収穫までの目安
10 days

小皿

葉つきのダイコンさえ手に入ればOK!
うまくいけば、白と紫の花が咲くことも。

外側の葉を取る

ダイコンは葉をつけたまま、首の部分を4～5cm長さに切り、外側の葉を取って、中心の小さくて元気な葉だけを残します。

▼

水につける

ダイコンの切り口のサイズぎりぎりの大きさで少し深さのある皿に水を入れ、切り口をつけます。切り口全面が底につくより、少し浮かせて空気を通らせるようにします。

▼

室内で育てる

それほど日が当たらなくても育つので、キッチンの空いているスペースなどに置き、1日に1～2回水を替えます。そのさいは、容器もいっしょに洗います。

▼

収穫する

新しい葉が伸びてきたら、外側の葉から料理に使う分だけハサミで切ります。再生したら、そのつど収穫するのが長もちの秘訣です。

コマツナ

あっさり食べやすく、
カルシウムも豊富

収穫までの目安
15 days

ジュースの
紙パックで

根がしっかり残っているものを選びます。
使うときは、外側からハサミで切って。

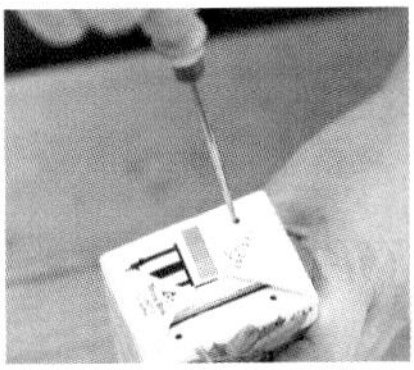

紙パックに穴をあける

紙パックは内側がビニールコーティングされているものを選び、底に目打ちで4か所ほど穴をあけます。

▼

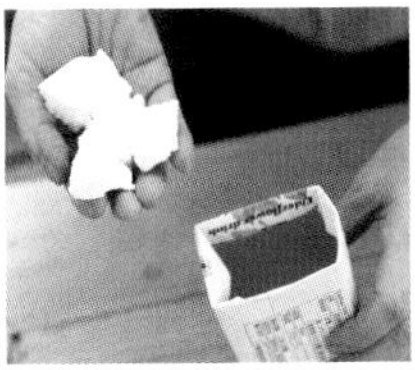

紙パックの底に発泡スチロールを入れる

細かくちぎった発泡スチロールを底に入れ、通気性をよくします。

▼

植える

紙パックの半分まで土を入れてコマツナを入れ、手で支えながら、今度は紙パックいっぱいに土を入れます。最後に、手で表面を押さえて平らにします。

▼

水をやる

たっぷりと水をやり、ベランダに置きます。まだ根づいていないので、直射日光が当たらない日向に置きます。

▼

収穫する

青々とした葉が伸びてきたら収穫時です。

九条ネギ

関西で人気の高い、京都の伝統野菜

収穫までの目安
30 days

エコバッグで

春から秋にかけて、長い間楽しめます。
びっしり根がついたものがおすすめです。

土を入れる

エコバッグの底に水抜き用の穴を数カ所あけて、排水溝ネットに入れた鉢底石を敷き詰め、土を8分目くらいまで入れます。できるだけ通気性に優れた土を選びます。

▼

植える

白い根が多く、元気のあるネギを選び、少し長めに切ります。根を手で広げながら放射状に植えつけ、上から土をかぶせます。根同士が重なっていても大丈夫です。

▼

収穫する

元の大きさにもどったら収穫どき。根元から2cmくらいを残してハサミで切ります。残した部分からまた再生します。

ピリっとした辛みが、
肉料理を引き立てる

クレソン

繁殖力が強く、生育速度も速いので、水につけるだけで手軽に再生できます。

水に挿す

水に挿す部分の葉はくさりやすいので、摘み取って茎だけにしておきます。水に挿して２～３日で、根が張りはじめ、茎の途中から新芽が出てきます。

▼

収穫する

食べる分だけハサミで切ります。水に挿しておくと、また再生します。

まさかの結球野菜をリサイクル

キャベツ

食べられるまでに時間はかかりますが、生長の様子を見守れば、心がほっこりしてきます。

芯を水につけて育てます。約２週間で葉が出てくるので、その後は元気な葉を残して間引きをし、芯ごと土に植え替えます。

コップ栽培
④
新芽野菜

スプラウト栽培

コップ栽培のなかでも、とくに省スペースで楽しめるのが、野菜の新芽「スプラウト」。生長速度が速く、種まきからほぼ1週間で収穫できます。

マスタード

暑さに強いので初心者におすすめ。
サラダやサンドイッチに添えて

収穫までの目安
7
days

丈夫で育てやすく、失敗が少ないので初心者向きです。ピリッとした辛みが舌に心地よく広がり、やみつきになる味です。

スプラウトを育てるときの3つのポイント

1 温度管理
室温は20～25℃くらいがベスト。冬は冷蔵庫の上（電気の熱で暖かい）などに置きます。夏は水替えを忘れないようにします。

2 清潔
雑菌の繁殖を防ぐため、容器は煮沸消毒し、清潔な手で作業します。

3 根や葉の状態の確認
根が茶色や黒っぽくなっているのは腐敗している証拠。水替えのさいにチェックして、見つけたらすぐに取り除きます。

1 種まき前の準備

ココット皿など底が平らで深さ4〜5cm程度の容器を用意し、煮沸消毒します。脱脂綿を容器の底より少し大きめに切り、底に敷きます。

脱脂綿がひたひたになるまで水を注ぎます。容器を傾けると、水が少しにじむ程度がベストです。

2 種をまく

薬品処理されていないスプラウト用の種を使います。手でパラパラと、重ならない程度に密集させてまきます。種がかたよって脱脂綿の表面がでこぼこしている場合は、煮沸消毒したピンセットで平らにします。

表面を湿らせる程度に霧吹きで水をかけます。種が動くのでじょうろは厳禁です。

3 遮光する

箱に入れ、ふたをして光を遮断します。ふたには空気穴を2つ、目打ちなどであけておきます。

2日め

遮光を続けます。1日1〜2回は、霧吹きで表面を湿らせます。

3日め

根が張り、容器を斜めにしても種が動かないことを確認したら、そっと水道水を注ぎ、容器を回して全体に行き渡らせます。水とともに発芽しなかった種をこぼします。この水替えを1日1〜2回行って、水を循環させ、腐るのを防ぎます。

4〜5日め

箱の中での遮光を続けます。水替えを忘れないように気をつけます。

6日め

容器から飛び出すくらいまで芽が伸びたら、箱から出し、日の当たる窓際などに置いて緑化させます。

8日め

丸2日緑化させると、緑色が濃くなり、食べごろです。容器から持ち上げて根を確認します。腐っていると、根が茶色になっています。

4 収穫する

茎を少し持ち上げて、できるだけ根元をハサミで切ります。使う分だけ切りながら、種まきから10日めくらいまでに食べきります。あまり長くおくと、葉や茎が腐ってくるので注意します。

料理にのせればスパイシーさが加わります

ゆる〜い
Column
1

種から育てる楽しさを、超手軽に体験!

コップ栽培 おすすめスプラウト

一見どれも同じように見えるスプラウトですが、葉の形や色をよく見ると、それぞれに個性的で、香りや味もさまざま。ココット皿やコーヒーカップなどで栽培してテーブルに飾れば、インテリアのアクセントにもなります。

夏におすすめ!

※気温が上がり雑菌が繁殖しやすい夏でも、前出のマスタードと右記の2種は育てやすいです。

レッドキャベツ

鮮やかな赤紫色に育つ茎が特徴です。味わいはマイルド。料理の彩りに使うと、ぐっと引き立ちます。

ヒマワリ

葉も茎もしっかり大きめに育つので、少し深めの容器で育てます。ビタミンEやCが豊富です。

冬におすすめ!

※寒さに強い3品種です。室温が15℃以下にならないよう気をつけます。

ガーデンクレス

クレソンの仲間。見た目のかわいらしさも楽しめます。ほどよい辛みがあり、ローストビーフなどによく合います。

サンゴカイワレダイコン

葉も茎も赤紫色に育ち、見た目のインパクトは大。背が高くなるので深めの容器で育てます。多少の辛みがあります。

白ゴマ

ゴマの香りはほとんどなく、口に入れると少し苦みを感じる程度です。ゴマと同様に栄養価は高めです。

ゆる〜い
Column
❷

コップ栽培Q&A

コップ栽培の過程で生まれる疑問にお答えします。
残念な失敗も、原因と対策がわかれば、次の種まきに生かせます。
短いサイクルで繰り返し育てられるのがコップ栽培の特徴。
野菜の生長とともに、ステップアップを図ってください。

Q. コップ栽培に向かない野菜はありますか?

A. 野菜は土の量が多いほどしっかりと根を張り、育ちがよくなります。コップ栽培の土の量でつくれるのは、小型の野菜です。

Q. 日当たりが悪いと、野菜づくりはできませんか。

A. 野菜は明るい日ざしを好みますが、日当たりが悪いときはベランダに台や棚を置いてコップを並べるのも1つの方法です。

Q. 栽培の途中で、肥料をやらなくていいのですか?

A. 基本的に肥料はいりません。培養土にはあらかじめ肥料分が含まれていて、野菜はそれで生長します。

Q. 使い終わった土はどうすればいいですか?

A. 古い土は捨てずに再利用してください。詳細はp.79を参照してください。

Step

2

スピード野菜・ミニ野菜

もっとたくさん収穫したい！
実もの野菜も育てたい――
それなら、ベランダや庭の空きスペースで
プランターを利用して育ててみましょう。
収穫まで時間がかからず、すぐに食べられる野菜と、
食べきりサイズのミニ野菜を紹介します。

プランターを選ぶ

プランターの大きさや形はさまざまです。野菜の種類や育てる株数によって適したものを選びます。

深めの角型のプラスチック製

（62.5×29×高さ32cm）

マメ科野菜や栽培期間が長い実もの類、ニンジンやダイコンなどの根が長く伸びる根もの野菜に向く。土の容量約32ℓ。

浅めの角型のプラスチック製

（50×40.2×高さ18cm）

シュンギクやミニチンゲンサイ、ラディッシュなど、根の張りが浅く、短期間で収穫できる野菜に向く。土の容量約21ℓ。

深めの丸型のプラスチック製

（直径36×高さ33.5cm）

ミニトマトやナス、ピーマンなどの実を食べる野菜や、キャベツなどの栽培期間の長い野菜に向く。1鉢に1株が基本。土の容量約20ℓ。

深めの丸型の素焼き製

（直径27×高さ20cm）

土の容量は約7ℓ。ミニトマトやナスなどの果菜類を育てるには、最低このくらいの大きさが必要。素焼き鉢は通気性と水はけがよい。

小判型の木製

（長径45×短径28×高さ19cm）

土の容量約12ℓ。小型の葉もの類やラディッシュ、小カブなどに向く。木製プランターは軽くて通気性がよい。

プランターの材質の特徴　材質の特徴を知って、上手に使いこなしましょう。

材質	水はけ	通気性	耐久性	重さ	価格	その他
プラスチック	△	×	◎	軽い	安い	鉢の内部が高温になりやすい。
素焼き・テラコッタ	◎	◎	△	重い	高い	おしゃれだが、割れやすく、コケが生えやすい。
木製	○	○	△	やや軽い	高い	底面から腐敗しやすく、数年で劣化する。

＼ここをチェック！／

インゲンやオクラ、トウモロコシなどで使う
長方形で深いタイプのプランターを例に、プランター選びのポイントをあげます。

水はけをよくする工夫があるか

野菜全般に必要なポイントです。底やわきに穴やスリットがあるプランターは、水はけと通気性が良好です。とくにスリットから伸びた根が外気に触れると、新しい根が発生する効果があります。

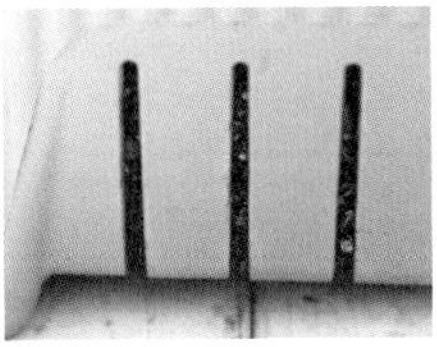

支柱が立てやすいか

支柱を立てて育てる、草丈が高くなる野菜やつる性の野菜のチェックポイントです。支柱を固定する器具がついていて、しっかり挿せる深型のものを選びます。

土は多いほどいい

プランター栽培の場合、野菜が水分や養分を吸収できるのはプランターの中の土からだけです。そのため、できるだけ多くの土が入るプランターで育てることがポイントです。

ポットに種まきするときは

ズッキーニやトウモロコシなどは、ポットに種をまいて育てた苗をプランターに植え替えます。育てる株数が少ないときはポットまきがおすすめです。

プランター選びのポイントは、土が入る容量と形、そして育てる株数です。ミニトマトやナスなどの実もの類や、キャベツ、スティックブロッコリーなどは、深く根を張る性質があり、栽培期間も長くなります。そのため、深さがあり土がたくさん入るプランターを選びます。育てる株数は、深めの丸型は1株、深めの角型タイプで2株が適当です。根が深く伸びるダイコンやニンジンなどの根もの野菜も、深めのプランターが向いています。一方、ミニチンゲンサイやシュンギクなどの葉ものは、根の張りが浅いうえに、株数を多く育てるほうが効率がよいので、浅くて表面積の広い浅めの角型のプランターが向いています。

プランターの材質はさまざまで、一長一短があります。置き場所や重さなどを考慮して、最適なものを選んでください。

土を準備する

プランター栽培でもっとも大事なのが土です。
元気に育てておいしい野菜を収穫するためには、よい土が決め手となります。

市販の野菜用培養土が便利

培養土のほかに、鉢底ネットと鉢底石（軽石）も準備。じょうろや土入れまたは、移植ごてもあると便利。

プランター栽培では、市販の培養土を使うのが手軽です。「野菜用」と書いてあるものを選びます。いろいろな土や肥料がバランスよく配合されていて、水はけや通気性にも優れています。ただし、市販品は品質にばらつきがあるので、水はけがよく、ふわふわとして軽いものを選ぶようにします。湿っているものや枝や葉の形が残っているもの、カビが生えているものは避けたほうが賢明です。土のリサイクル方法に関しては、p.79を参照してください。

マイブレンド培養土をつくる

数種類の土をブレンドしてオリジナルの培養土をつくることができます。自分でつくれば野菜の特性に合わせてきめ細かく配合を変えることができるので、より生育がよくなります。基本となる土と配合は右の表を参照してください。

基本のブレンド

土の名称	配合比
赤玉土（小粒）	2
腐葉土	3
ピートモス	1
籾殻燻炭（もみがらくんたん）	1
バーミキュライト	1
パミスサンド	1
珪酸塩白土（けいさんえんはくど）	1

プランターによっては鉢底ネットと軽石が必要

底がメッシュになっているプランターは、水はけがよいのでそのまま培養土を入れて使います。素焼き鉢や木製など、底に大きめの穴があいている場合は、穴に鉢底ネットを敷いて鉢底石を入れてから培養土を入れます。水はけをよくするとともに、鉢穴から害虫などが侵入するのを防ぐためです。

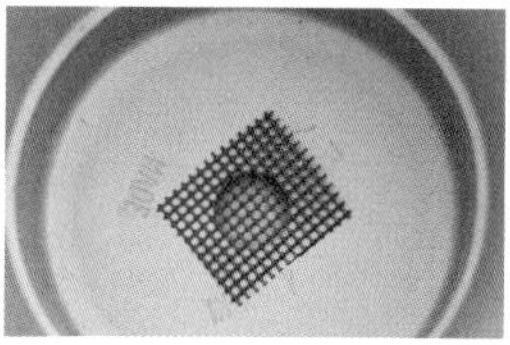

鉢穴より大きめに切ったネットを敷く。

鉢底石（軽石）を底面に敷く。

肥料と水やりのコツ

栽培中は、生長をサポートするために水で薄めた液体肥料を定期的に与えます。
土が乾いたら水やりします。

肥料を与えるコツ

培養土に含まれる肥料分は野菜の生長とともに消費されて不足してくるので、生育中に栄養分を補給する必要があります。肥料にはいろいろな形状や種類のものがありますが、プランター栽培に向いているのは液体肥料です。液体肥料は、指定どおりの倍率で水で薄めてじょうろで与えるだけ。手軽に使えて、野菜の生育具合を見ながら与える量や回数を調節しやすいのが利点です。水やりを兼ねて1週間に1度を目安に、葉にかからないよう根元に与えます。薄すぎても濃すぎても効果がないので、製品ごとの濃度を守ってください。

野菜用の液体肥料とじょうろ、バケツ、かき混ぜるための棒を用意する。

バケツに水を入れて液体肥料の原液を加える。500倍に薄める場合、5ℓの水に原液10mℓを入れる。キャップなどが測定容器になっているので、きちんと量を測る。

棒でよくかき混ぜる。

じょうろに移して根元に与える。

水やりの方法

プランターは土が乾きやすいので、水やりが重要なポイントとなります。土の表面が乾いたら水やりのタイミング、たっぷりと与えるのが基本です。鉢底から流れ出るくらいに与えることで、土の中を水が通り抜け、新鮮な酸素を根に送り込む役割もあります。1週間に1度の液体肥料、それ以外は土が乾いたら水やり、と覚えてください。

水やりに適しているのは、夏は朝と夕方の2回、秋から春にかけては朝10時くらいです。水が葉にかかると病気になりやすくなるので、低い位置から根元にかけるようにします。

じょうろは、ハス口の穴が小さく、細かい水流が作れるものがよい。

水が枝や葉にかからないように、手で押さえて与える。

鉢底から流れ出るくらいに水やりする。土の乾燥が激しいときは、水が引くのを待ってふたたび水やりするとよい。

ミニトマト

ナス科

真っ赤に色づいて鈴なりに実る、
育ててみたい人気野菜ナンバー1！

ミニトマトは大玉トマトよりもつくりやすく、生育旺盛。ひと口サイズの実がたくさん実ります。株で真っ赤に熟した実のおいしさは家庭菜園の醍醐味です。肥料をやりすぎると枝や葉が茂るばかりで実がつきにくくなるので、与えすぎに気をつけ、太陽の光にたっぷりと当てて育てます。苗を購入して植えるのが手軽です。

プランター選びのポイント

根の張りが深いので、容量10～20ℓ程度の、深さのある丸型容器に1株が目安。

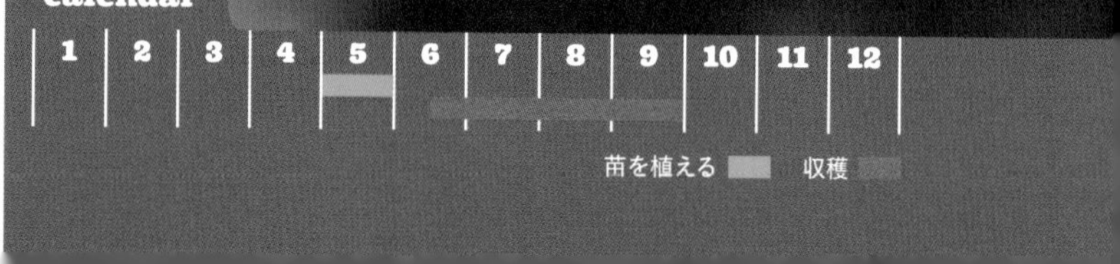

1 苗を植えて支柱を立てる

植えつけに適しているのは、気温が十分に上がった5月の連休前後です。本葉が7～8枚で最初の花が咲きはじめたものを選びます。

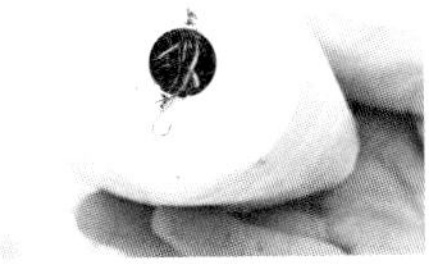

ポットの鉢穴から根が少し伸びているのが植えつけ適期の苗。長く出すぎているものは生育が進みすぎているので避けましょう。

ポットの鉢穴に指を入れて押し出しながら、根を切らないように気をつけてポットをはずします。

プランターに土を7分目まで入れて、中央に苗を置いて根元まで埋まるように土をかけます。水やりのときに土が自然に下がるので、強く押さえる必要はありません。

苗から5cmくらい離れたところに、2m程度の支柱を垂直に1本立てます。

苗がぐらつかないように、支柱と茎に麻ひもなどを8の字に回しかけて、緩く結びます。

水をたっぷりと与えて植えつけ終了です。

2 肥料と水をやる

苗を植えた1週間後から、1週間に1度を目安に液体肥料を与えます（p.41）。土の表面が乾いたときは、水だけを与えます。トマトは肥料が多すぎると葉や茎が茂って実がつきにくくなり、水をやりすぎると果実の味が水っぽくなるので、どちらも与えすぎに気をつけてください。

3 土を足す

水やりのたびに土が流れだして根が浮き上がってきます。根が見えてきたら、新しい土を足して根の乾燥を防ぎます。

根が2cmくらい埋まるように、新しい土を入れます。

Point!

接ぎ木苗とは？

トマトの苗には、通常の苗と2種類のトマトをつなぎ合わせた接《つ》ぎ木《き》苗があります。接《つ》ぎ木《き》苗は、土壌の病気や害虫、乾燥に強く、水や肥料を吸い上げる力も強くて生長も早い優れもの。ただし、値段はちょっと高めです。

全体を平らにならすように、手のひらで軽く押さえます。

4 枝を整理してひもでとめる

まっすぐに伸びる枝（茎）を主枝といいます。主枝から出る葉のつけ根にはわき芽が伸びるので、わき芽を摘み取って主枝1本に整えます。わき芽を伸ばしたままにしておくと、栄養が分散してよい実ができません。

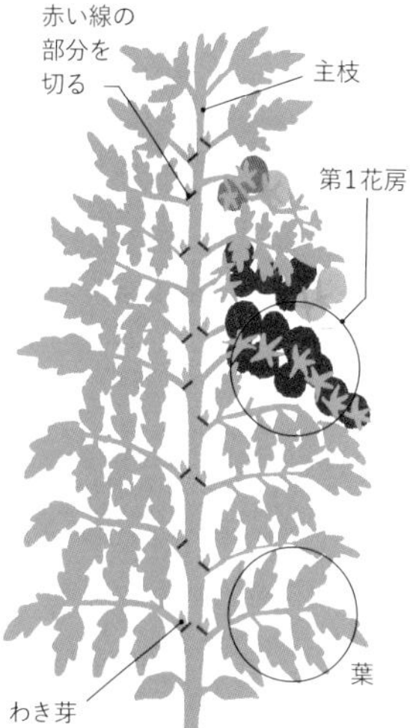

切る場所の拡大

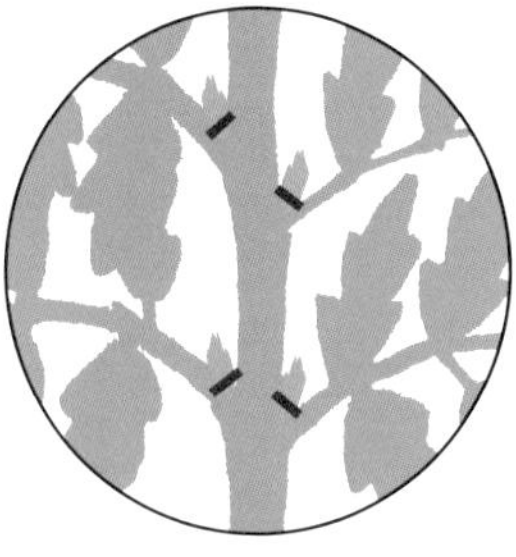

主枝から伸びた葉のつけ根にできるのがわき芽です。

わき芽の根元を持って左右に振ると簡単に摘み取れます。

茎がぐらつかないように、茎と支柱をひもで結びます。

生長するにしたがって、わき芽を取って、ひもで支柱にとめていきます。

Point!

わき芽を取るタイミングは

わき芽は伸びはじめてすぐに取るのではなく、長さ5cmくらいになってから摘み取ります。右写真くらいの小さなものは、大きくなるまでそのままにしておきましょう。

ひもは緩めにかける

トマトなどの実を食べる野菜は、生長に伴って茎が太くなるので、ひもは緩くかけておきます。茎と支柱にかけるひもは、余裕をもたせて8の字に結ぶようにします。

5 収穫する

房状に花が咲いている花房の、主枝に近いほうから花が咲いて、赤く熟していくので、真っ赤に熟したものから収穫します。開花から約40日後が目安です。

実と枝をつなぐ部分に折れめ（節）があるので、そこに親指を添えて上にひねると簡単に実がとれます。

6 先端を切る

主枝が支柱の上まで伸びたら、養分を実に送るために先端を切り取ります。

花房の上1枚の葉を残して、その先を手で摘み取ります。

Point!

人工授粉で実をつける

開花時の気温が低い、または高層階のベランダなどで花粉を運んでくれる昆虫がいない、などの場合は、人工的に授粉をして実をつけさせるとよいでしょう。花が咲いた日の午前中に、枝を軽く揺すって花粉を飛ばして授粉させます。

とりたて recipe《レシピ》

トマトのハチミツレモンサラダ

●材料（2人分）

ミニトマト	10個
ミントの葉	適宜
シロップ	
ショウガ汁	小さじ1
レモン汁	大さじ2
ハチミツ	大さじ2
塩	1つまみ

●作り方

1 ミニトマトはへたを取り、縦半分に切る。

2 ショウガ汁、レモン汁、ハチミツを混ぜ、隠し味に塩を加えてシロップを作る。

3 器にトマトを盛り、好みでミントの葉を添える。食べる直前に**2**のシロップをかける。

ミニキュウリ

ウリ科

枝を整理してしっかり水やりを。
プランターにはミニ品種がおすすめ

家庭菜園の定番野菜の1つです。日当たりを好みますが高温は苦手、強風や乾燥、病気にも弱く、意外とデリケートな野菜です。風通しのよい場所にプランターを置き、土が乾いたらこまめに水やりをします。ミニ品種は、葉が小さくて風や乾燥に比較的強く、育てやすいのでおすすめです。

プランター選びのポイント

乾燥に弱いので、土がたっぷり入る容量10～20ℓ程度の丸型容器がおすすめ。1鉢に1株が目安。

calendar

1	2	3	4	5	6	7	8	9	10	11	12

苗を植える　収穫

1 苗を植えて支柱を立てる

苗を購入して植えるのが手軽です。厚みのある本葉が4〜5枚ついて、茎がしっかりとしたものがよい苗です。茎が折れやすいのでていねいに扱いましょう。

ポットの鉢穴から根が少し伸びている苗を選びます。根が長く出すぎているものは避けます。

ポットの鉢穴に指を入れて押し出し、根を切らないように注意してポットをはずします。

プランターに土を7分目まで入れて中央に苗を置き、苗の根元まで埋まるように土をかけます。水やりのときに土が自然に下がるので、強く押さえる必要はありません。

プランターの縁に沿って、長さ1.5mほどの支柱3本を等間隔に立てます。

3本の支柱をつなぐように、長さ40〜50cmの細い支柱を横に渡してひもでとめます。

Point!

接ぎ木苗がおすすめ

キュウリは病気に弱いので、丈夫なカボチャの根にキュウリの茎を接いだ接《つ》ぎ木《き》苗を選ぶと生育が良好になります。接ぎ木苗は病気や害虫、乾燥に強く、生長が早いのが特徴です。ときどき、根元からカボチャの芽が伸びることがあるので(○で囲んだ部分)、キュウリとは違う葉を見つけたら早めに摘み取ってください。

水をたっぷりと与えて植えつけは完了です。

2 肥料と水をやる

苗を植えた1週間後から、1週間に1度を目安に液体肥料を水に混ぜて与えます(p.41)。土の表面が乾いたときは水だけを与えます。根づくまでは根腐《ねぐさ》れしやすいので控えめに、実がなりはじめたらたっぷりと水やりします。

3 土を足す

水やりのたびに土が流れだして根が浮き上がるので、根を乾燥から守るために土を足します。

根が2cmくらい埋まるように土を入れます。

全体を平らにならします。接ぎ木苗の場合は、接いだ部分を埋めないようにします。接ぎ木苗は、根元から数cmのところにカボチャの根とキュウリの茎を接ぎ合わせた細い線がついているので、見分けがつきます。

4 枝を整理して ひもでとめる

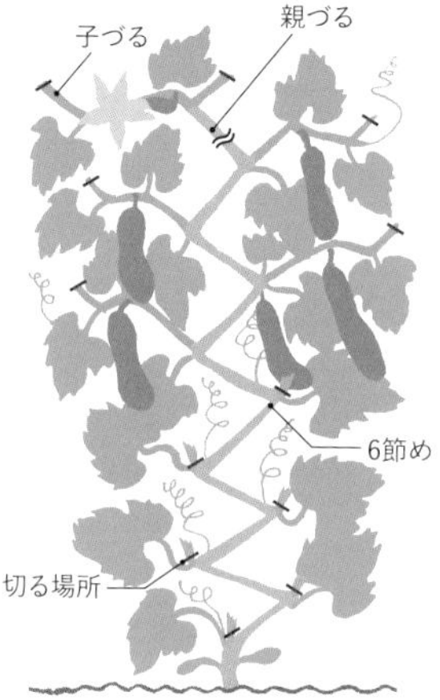

切る場所の拡大

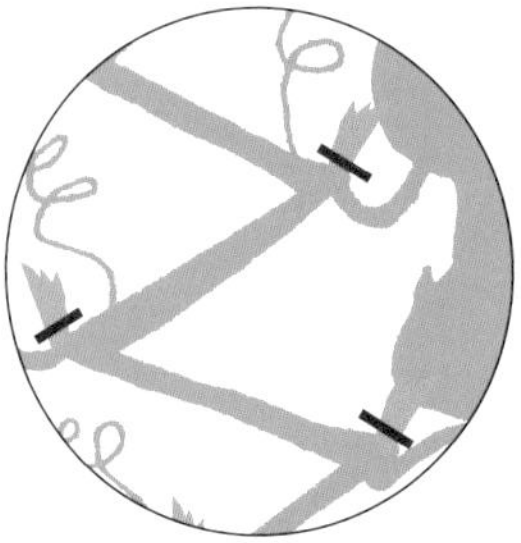

つるが伸びてきたら、実がよくつくようにつるを整理してひもでとめます。ほうっておくとつるや葉が茂りすぎて実のつきや風通しが悪くなります。主枝（親づる）の下から本葉6枚までの葉のつけ根に出るわき芽（子づる）をすべて摘み取ります。7枚めより上はわき芽を伸ばし、わき芽に2～3枚の葉をつけてその先を切ります。わき芽からさらにわき芽（孫づる）が出てきたら、すべて摘み取ります。親づるが支柱の高さまで伸びたら、先を切ります。これが整理の基本ですが、無理にやらなくてもかまいません。垂れ下がらないようにひもでとめる程度でもよいでしょう。

株が小さいうちに葉のつけ根に子づるや雌花がつくことがあります。

本葉6枚めより下の子づるを切り取ります。葉を取らないように気をつけてください。

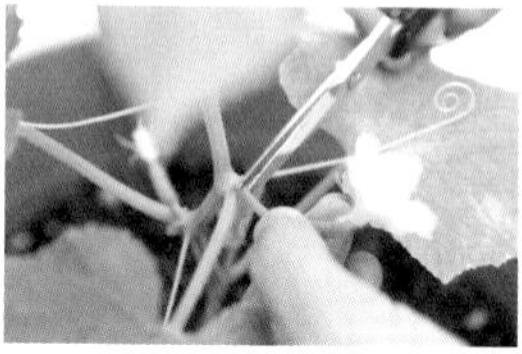

本葉6枚めより下で雌花が咲いたときは、株を大きく育てるために切り取ります。

子づるや雌花を摘んですっきりしました。風通しもよくなります。

つるが伸びてきたら、つると支柱をひもで結んで垂れ下がらないように押さえます。

Point!

キュウリには 雄花と雌花がある

キュウリは、雄花（写真上）と雌花（写真下）が別々に咲きます。雌花は花のつけ根がふくらんでいて、やがて実になります。キュウリは受粉しなくも実ができるので、花が咲くのに任せてかまいません。

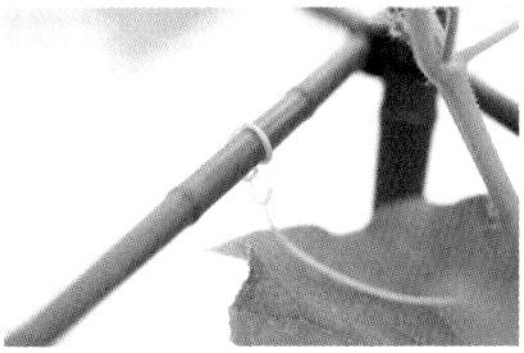

巻きひげが支柱に絡みついて、株を支えます。

5 収穫する

キュウリの実は生長が早く、1日で数cmも大きくなります。実が大きくなりすぎると、ほかの実に養分が回らないので、早めにとってください。開花から5日ほどで収穫です。

ミニ品種の場合は、長さ10cmほどがおいしいとりごろ。つけ根の部分からハサミで切り取ります。

Point!

キュウリの2大病気

キュウリがかかりやすい病気は、うどんこ病とべと病です。葉の表面が白い粉をまぶしたようになるのがうどんこ病で、株の下のほうから症状が出るので、見つけたら葉を切り取ります。べと病は、湿度の高いときに発生しやすく、葉の葉脈で囲まれた部分が点々と黄色や茶色になり、やがて葉全体が枯れたようになります。どちらの病気も、風通しよく育てることで予防できます。

うどんこ病の葉。

べと病の葉。

とりたて recipe《レシピ》

たたきキュウリとホタテの貝柱のショウガ和え

●材料（2人分）

キュウリ	1本
ホタテの貝柱の水煮（缶詰）	正味30g
ゴマ油	大さじ1/2
しょうゆ	小さじ1/2
おろしショウガ	小さじ1
塩	少々

●作り方

1. キュウリは両端を落とし、すりこ木などでたたいて割れ目を入れてから、小さめの乱切りにする。
2. ホタテの貝柱は缶汁をきってほぐす。
3. ボウルにゴマ油としょうゆを合わせ、食べる直前にキュウリ、ホタテ、おろしショウガの順に加えて和え、塩で味をととのえる。

ジャガイモ

ナス科

1個の種イモからどっさり収穫、
とりたては抜群のおいしさ！

わずか30～40gの小さな種イモから数倍の量のイモがとれて、お得感いっぱいのジャガイモ。涼しい場所を好むので、高温になる場所を避けて風通しよく育てます。種イモを植えてから収穫までは約90日、葉や茎が黄色く枯れはじめたら掘りだしましょう。

プランター選びのポイント

収穫量を多くするには、容器の深さと土の量がポイント。深さのある容量20～30ℓ程度の角型容器に2株が目安。

calendar

1	2	3	4	5	6	7	8	9	10	11	12

種イモを植える　収穫

1 種イモを準備する

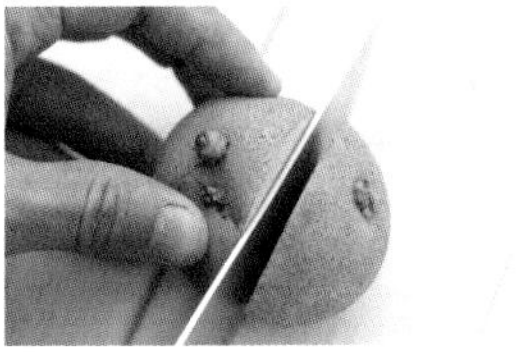

植える数日前に、種イモの準備を。大きい種イモは、芽数が均等になるよう1片30〜40gに切り分けます。

切り口が湿っていると腐りやすくなるので、風通しがよくて雨の当たらない場所に3日ほど置いて乾燥させます。

2 種イモを植える

プランターの深さの半分くらいまで土を入れ、20cm以上の間隔をあけて、切り口を下に向けて種イモを置きます。

種イモの上に5cmほど土をかけ、手のひらでぎゅっと押さえて全体を平らにならします。

植え終わったら、たっぷりと水やりします。

3 肥料と水をやる

植えつけ後は1週間に1度を目安に、水に液体肥料を混ぜたものを与えます(p.41)。ジャガイモは少ない肥料で育つので、水と肥料のやりすぎに気をつけてください。とくに収穫時期が近くなったら、水やりを控えます。

4 芽の数を整理する

植えつけから約1か月、1個の種イモから複数の芽が伸びて長さ15cmくらいに生長したら、芽の数を整理します。

元気で太い芽を3本程度残し、ほかの芽を根元からハサミで切り取ります。

Point!

種イモを日に当てて生長アップ

種イモは、日光の当たる暖かい場所で乾かします。写真右は日に当てたイモ、左は当てなかったイモ。日に当てると、芽が伸びて生育が早まり、病気にもかかりにくくなります。

5 土を足す

芽の数を整理した後に、新しい土を厚さ2cmくらい加えます。

土を入れたら全体を平らにならします。

花が咲きはじめたら、イモが土の上に露出しないよう、ふたたび土を足します。

入れる土の量は、人差指の第2関節が埋まるくらいまでが目安。最終的にプランターの8分目くらいまで土が入るようにします。下の葉が土に埋まってもかまいません。

6 収穫する

植えつけから約3か月がたち、葉や茎が黄色く枯れはじめたら収穫です。

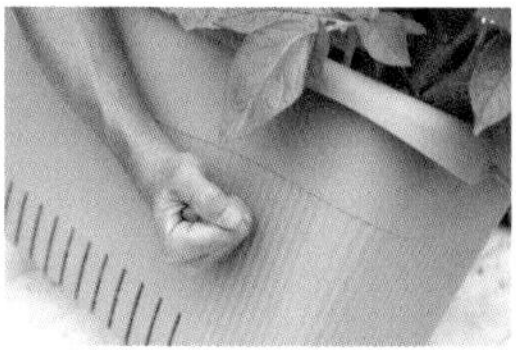

プランターを外側から強くたたいて、イモが土から離れやすくします。

根元を持って引き上げ、イモを掘りだします。土中にイモが残っていることがあるので、よく探します。収穫したイモは日陰で乾かし、風通しのよい場所で保存します。

Point!

肥料の与えすぎに注意

ジャガイモはそれほど肥料を必要としない野菜なので、肥料切れよりも与えすぎに気をつけてください。肥料が多すぎると弱々しい株になり、病気が出やすくなります。イモを切ると中心に黒い空洞が入っている、小さなイモがこぶのようにくっついているなど、出来の悪いイモになる可能性があります。

たくさん収穫するには

1株にできるイモの量は、ほぼ決まっています。芽の数を整理すると、数は少ないものの、大きくて立派なイモができます。芽を切らずにおくと、小さなイモが数多くできます。ただし、土の量が限られるプランターでは、畑に比べてイモが小さくなる傾向があります。大きさと個数のバランスがよいのは、3本程度の芽を残した場合。小ぶりながらもたくさんのイモの収穫をめざすのがおすすめです。

Point!

ジャガイモの品種はバラエティー豊か

男爵薯　でんぷん質でホクホク。粉吹きイモやコロッケにするとおいしい。

メークイン　煮くずれしにくくあっさりとした味わいで、カレーや肉ジャガなどに向きます。

キタアカリ　ホクホクとして甘みがあり、用途を選ばず使えます。

アンデス赤　赤い皮が特徴。日もちしないので収穫後は早めに食べてください。

インカのめざめ　クリのような甘みと色で「栗ジャガ」とも呼ばれる人気品種です。

ゆる〜い Column 3

よい苗の選び方

よい苗を選ぶことが、その後の生長を左右します。
よい苗を見分けるポイントは、多くの野菜で共通です。

ポットの底を見て、穴から根が少し伸びているものがよい。長く伸びすぎているものは避ける。

よい苗に共通するのは、上のような8つのポイントを満たしたものです。植えるのに適した苗の葉の枚数や花の咲き具合などは野菜ごとに異なりますが、全般的には、がっちりとしていて元気な苗を選びます。ぜひ避けてほしいのは、茎や根元が細くてひょろひょろとした苗、ポットの鉢穴から根が長く伸びている苗です。前者は日当たりや肥料状態が悪く、後者は植えつけ時期をすぎた老化苗です。

苗を植える時期もたいせつです。最近は苗が店頭に並ぶ時期が早くなりましたが、植えつけに適した時期まで待って、よい状態の苗を購入することをおすすめします。

野菜には栽培に向いた温度や天候、時期があるので、早植えは厳禁、失敗の元です。

ミニチンゲンサイ

人気の中国野菜、
プランター向きのミニサイズ

アブラナ科

草丈10～15㎝で収穫できるので、プランター栽培向き。種まきは春と秋が可能ですが、家庭菜園では害虫の被害の少ない秋まきがおすすめ。病気にも強く、ビギナーでも無理なく栽培できます。淡白な味わいで、肉厚の根元部分は歯ごたえたっぷり。和食や洋食にも合う万能野菜です。

プランター選びのポイント

表面積の大きい浅めのものが向く。容量10～20ℓ程度の角型容器に、種を列状にまいて間引きながら育てる。

1 種をまく

プランターの深さの8分目まで土を入れ、表面を平らにならします。約10cmの間隔をあけて、深さ1cmの溝を3本つくります。

溝に2cm間隔で種をまきます。

溝の両側から土を寄せ、種が隠れる程度に薄く土をかけて平らにならします。たっぷりと水やりし、発芽するまでは土を乾かさないように気をつけてください。

2 肥料と水をやる

種まき後、1週間に1度を目安に水に液体肥料を混ぜて与えます(p.41)。土の表面が乾いたときは、たっぷりと水を与えます。

3 間引く

葉と葉が混み合うようになったら間引きます。チンゲンサイは株元がふくらむので、間引きでしっかり間をあけましょう。生育が悪いものや葉の形が悪いものなどを引き抜きます。

葉が少し触れ合うぐらいの間隔をとります。株の生長に合わせて何度か間引き、最終的に5～6cm間隔にします。

4 収穫する

種まきから30日ほどたって、草丈が10～15cmに伸びて下部が大きく張ってきたら収穫です。

大きく育った株を選んで、根元からハサミで切り取ります。

生長しすぎると味が落ちるので、草丈10～15cmのころに早めに収穫してください。

Point!

間引きのたびに収穫

チンゲンサイなどの葉もの野菜は、2～3回の間引きを重ねて大きく育てます。間引きのたびにとれる間引き菜は、本格的な収穫の前のお楽しみ。葉はやわらかでシャキシャキとして、小さなものなら生でも食べられます。

スナップエンドウ

甘みたっぷりのやさしい春の味

マメ科

スナップエンドウはエンドウの仲間で、スイーツのように濃厚な甘みのあるさやが特徴。さやは肉厚で歯ごたえがあります。晩秋に種をまいて冬を越し、翌年の春に収穫するのが一般的ですが、栽培期間が長いので難易度はやや高め。ここでは、春に種まきして晩春～初夏に収穫する手軽な栽培法を紹介します。

プランター選びのポイント

大きくて深さのあるものを用意する。容量20～30ℓ程度の角型容器に6株（3株×2か所）が目安。

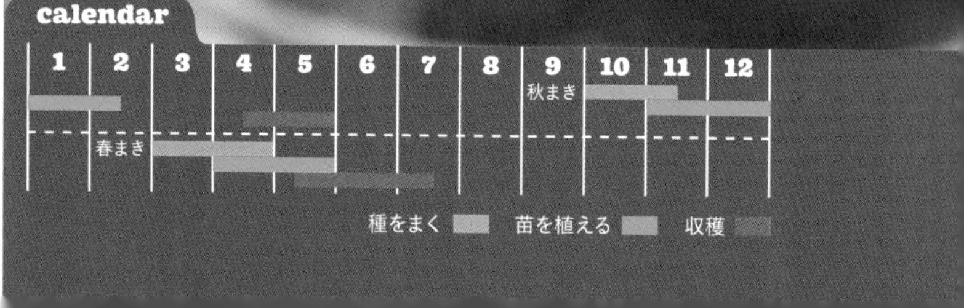

1 種をまく

種や発芽したばかりの小さな苗は鳥に食べられやすいので、種はポットにまくのがおすすめです。ポットいっぱいに土を入れ、種3粒を等間隔に置きます。

種の上に人差指を置いて、第1関節が土の中に埋まるまで種を押し込みます。

土をかぶせて手のひらでぎゅっと押さえ、全体を平らにならします。

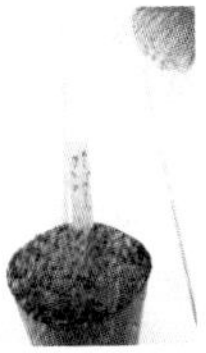

たっぷりと水やりします。発芽までは土を乾かさないよう気をつけてください。

2 苗を植えて支柱を立てる

草丈が15cmくらいになったら、間引かずに3本のままプランターに植えます。

ポットの鉢穴から根が少し伸びているのが、植えつけ適期の苗です。

ポットの鉢穴に指を入れて苗を押し出し、根を傷めないようにポットをはずします。

プランターに土を7分目まで入れて、20cm以上の間隔をあけて苗を置き、根元が埋まるくらいまで土を入れます。強く押さえる必要はありません。

プランターの両端に、長さ1.5mの支柱を2本立てます。支柱の先端に短めの支柱を横に渡して補強すれば、より丈夫になります。

土の表面から10cmくらいの高さに1本、苗と同じくらいの高さに、もう1本ひもを張ります。たっぷりと水をやって植えつけは終了です。

3 肥料と水をやる

植えつけ後、2週間に1度の割合で水に溶かした液体肥料を与えます(p.41)。マメ科の野菜は肥料は控えめで育てるのがポイント。土の表面が乾いたときは水やりを。とくに開花後は多くの水分を必要とするので、こまめな水やりが重要です。

4 枝を整理してひもでとめる

つるや巻きひげが伸びてきたら、巻きひげが支柱やひもに絡むように誘導します。生長に合わせてひもを上部に張ります。

ひもは支柱にしっかり結びます。支柱に滑りどめの節がある場合は、節の上で結ぶとひもがずり落ちません。

巻きひげの先端がひもに当たるように誘導すると、自然に絡みついていきます。

15～20cm間隔で数本のひもを横に張り渡し、つるがはい上るスペースをつくります。

5 先端を切る

つるが支柱の高さまで伸びたら、繁茂するのを防ぎつつ、わき芽の発生を促すためにつるの先端を手で折り取ります。

6 収穫する

開花後、約10日で収穫です。次々と花が咲いてさやが実り、収穫が長く続きます。

さやがふくらんで厚みを増したものから、ハサミで切り取ります。

Point!

とり遅れたらグリーンピースを楽しもう

スナップエンドウは、収穫の時期を逃すと、さやがかたくなって味が落ちます。さやの中の豆のふくらみが外からはっきりわかるくらいではとり遅れなので、豆を取り出してグリーンピースとして味わってください。

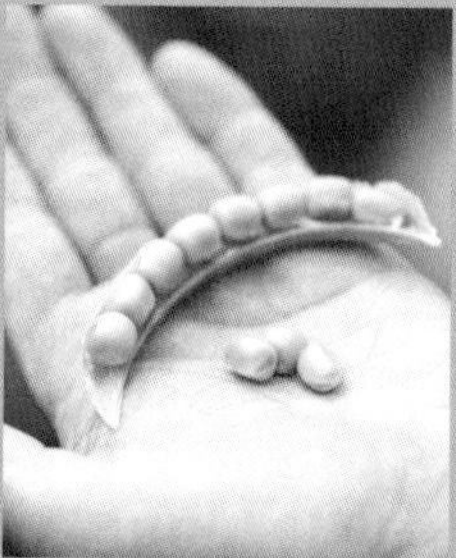

エカキムシに注意

葉にのたくったような白い筋を見つけたら、エンドウの天敵・ハモグリバエの幼虫のしわざです。葉の内部に入り込んで葉を食べる害虫で、エカキムシという別名のとおり、食べたあとが白い筋となって残ります。筋の先端に黒いゴマ粒のような幼虫が潜んでいるので、見つけたら指でつぶします。

step 3

鈴なり野菜・葉もの野菜

プランター栽培に慣れてきたら、
ぜひチャレンジしてほしいのが
ナスやピーマンなどの鈴なり野菜や、
ミニキャベツやスティックブロッコリーなどの
葉もの野菜。ちょっぴり手間がかかる分、
収穫が待ち遠しくなります。

ナス

ナス科

おいしい実をつくるには、水と肥料をたっぷり

初夏から秋まで長く楽しめる定番の夏野菜です。種から育てると時間がかかるので、苗を購入して植えつけるのがおすすめ。低温に弱いので、植えつけはゴールデンウィークの前後が適しています。水分と肥料が不足するとよい実ができないので、定期的な肥料と水やりが大事です。日当たりのよい場所で育てましょう。

プランター選びのポイント

根の張りが深いので、容量10～20ℓ程度の、深さのある丸型容器に1株が目安。

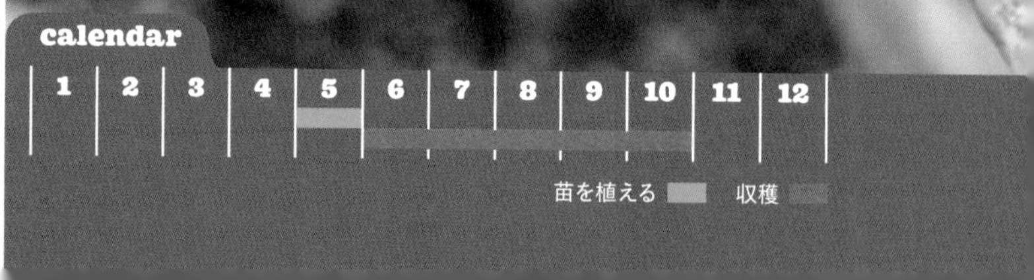

1 苗を植えて支柱を立てる

よい苗は、本葉9枚ほどで、最初の花(1番花)がついているものです。

ポットの鉢穴から根が少し伸びているのが植えつけ適期の苗。長く出すぎているものは避けましょう。

根を切らないよう、ポットの鉢穴に指を入れて押し出しながら、ていねいにポットをはずします。

あらかじめプランターに土を7分目くらいまで入れ、中央に苗を置きます。根元まで埋まるように周囲に土を入れます。水やりで土のかさが減るので、強く押さえる必要はありません。

苗から5cmくらい離れたところに、1.2m程度の支柱をまっすぐに1本立てます。

苗がぐらつかないよう、支柱と茎を麻ひもなどで8の字に結びます。

水をたっぷりと与えて植えつけは終了です。

2 肥料と水をやる

植えつけ後、1週間に1度を目安に水に液体肥料を混ぜて与えます(p.41)。このタイミング以外に土の表面が乾いたときは、たっぷりと水やりしてください。ナスは水分と肥料分が多いほうが実のつきがよくなるので、どちらも切らさないようにします。

3 土を足す

水やりのたびに土が流れだしてかさが減ってきます。根が浮き上がってきたら、新しく土を足します。

根が2cmくらい埋まるように、新しい土を入れます。

表面が平らになるように手のひらで土をならします。

Point!

果実の90%以上は水分

ナスづくりでたいせつなのは、水やりです。果実の90%以上が水分なので、水不足は実のつきや食感を大きく損ないます。土が乾いたら、朝晩たっぷりと水を与えてください。

4 枝を整理してひもでとめる

プランターでは主枝と1本のわき芽を残す2本仕立てが向いています。主枝と1番果（花）のすぐ下のわき芽だけを残して、それより下のわき芽はすべて摘み取ります。すべてのわき芽を伸ばすと、栄養が分散してよい実がなりません。

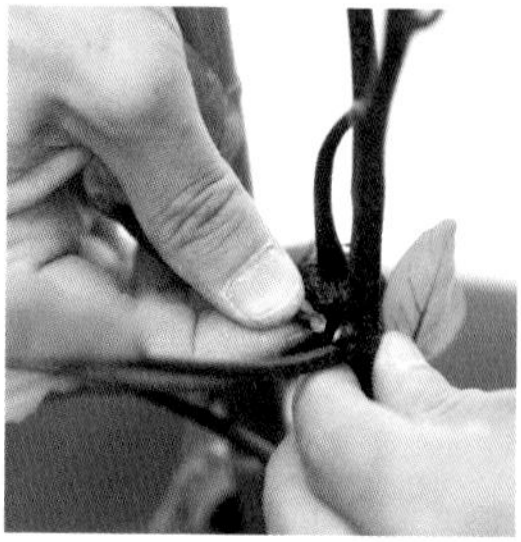

不要なわき芽は、横にひねるようにして摘み取ります（左図参照）。

枝葉に養分を回すため、1番果はもう少し大きく、ピンポン玉大になったら早めに摘み取ります。

伸ばした2本の枝からさらに伸びたわき芽に実がついたら、実の上の葉を1枚残して先を切り詰めます。これは、実に栄養を集中させて、新しいわき芽を伸ばすための作業です。

花が1か所に2つついているときは、小さくて弱々しいほうを切り取ります。

枝葉が混み合いすぎた部分のわき芽や、細くて弱い枝は小さなうちに摘み取ります。

Point!

株が大きくなったときのとめ方は？

実がつくと重みで枝が垂れ下がってくるので、しっかりとした支柱を立てて、倒れないようにひもでとめます。支柱は苗を植えつけたときに立てた1本で十分です。生育の途中で立てると根を切って傷めてしまったり、プランターの場合は複数の支柱が立てにくかったりすることもあります。枝が伸びてきたら、はじめに立てた支柱から、ひもで枝をつり下げる方法がおすすめです。

茎が伸びるたびにひもで支柱にとめます。

枝の整理作業が終了。この後も葉や枝が茂ってくると風通しや日当たりが悪くなるので、混み合ったところは適当に整えます。

5 収穫する

果実の長さが15cmくらいになったら収穫です。果実と枝をつなぐ果柄《かへい》がかたく、へたの部分にとげがついていることがあるので、実の下のほうを持って果柄のつけ根を切り取ります。

とり遅れると大きくなって色つやが悪くなり、味が落ちるので、とりごろを逃さないようにしてください。

Point!

生育状態は花でわかる

ナスは、生育がいいかどうか、花をチェックするとわかります。中央の雌しべ（緑色の小さな点）がまわりの雄しべ（黄色い部分）よりも長く突き出ていれば、健康状態は良好。反対に雌しべが雄しべに埋もれて見えないときは、肥料や水の不足や日当たりが悪いなどの原因が考えられます。花の色が薄いときも要注意です。

とりたて recipe《レシピ》

揚げナスのしらすのせ サンショウ風味

●材料（2人分）

ナス……………………3本
揚げ油………………適量
しらす干し
……大さじ山盛り2～3
しょうゆ…………… 少々
粉ザンショウ………適量

●作り方

1 ナスはへたを切り落とし、縦半分に切る。
2 揚げ油を高温（約180℃）に熱し、ナスを入れて揚げる。竹串を刺してみてやわらかくなったら引き上げ、粗熱をとる。
3 ペーパータオルを使いながら皮をむき、食べやすく縦半分に裂く。
4 器にナスを盛り、しらす干しをのせてしょうゆを数滴落とし、粉ザンショウをふる。

ズッキーニ

ウリ科

イタリア料理の人気野菜、
さっぱりとした味わいで和食にも◎

葉の広がり、高さとも1m近くの大株になるので、大きめのプランターを選んで苗を植えます。1株だけだと開花のタイミングが合いにくいので、複数株を育てるとよいでしょう。受粉をしなくても実がなりますが、確実に実をつけるには午前中の人工授粉がおすすめです。

プランター選びのポイント

容量10～20ℓ程度の、深さのある丸型容器に1株が目安。

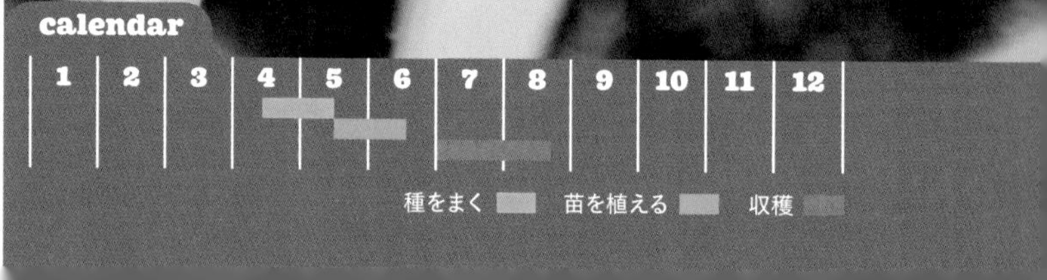

1 種をまく

高温を好むので、気温が上がってから種まきします。ポットいっぱいに土を入れ、中央に種を1粒置きます。

種の上に人差指を置き、第1関節が埋まるまで種を押し込みます。

土をかぶせて手のひらでぎゅっと押さえ、表面を平らにならします。

たっぷり水やりします。発芽するまで土を乾かさないよう気をつけてください。

2 苗を植えて支柱を立てる

生長が早いので、植えるタイミングを逃さないようにします。本葉3〜4枚、ポットの鉢穴から少し根が伸びているのが植えつけ適期の苗です。

プランターの深さの7分目まで土を入れて、根を傷めないようにポットから抜いた苗を中央に置き、根元まで土を入れます。

苗から5cmくらい離れたところに、長さ1.2mの支柱を垂直に立てます。

日当たりのよい場所に置いて、たっぷりと水やりします。

3 肥料と水をやる

植えつけ後、1週間に1度の割合で水に溶かした液体肥料を与えます(p.41)。窒素が多すぎると実のつきが悪くなるので、肥料は全体的に控えめにします。根腐れの原因となるので、水のやりすぎに注意してください。

4 土を足す

土が減って根が見えてきたら、新しい土を入れるタイミングです。

根が2cmくらい埋まるように土を入れて、手で全体をならします。

5 株のまわりを整理してひもでとめる

株元はつねにきれいにして、風通しをよくします。下の葉が茂りすぎてきたら、弱々しい葉や混み合った葉を適宜切り取ります。

枯れた雄花や受粉が失敗してしぼんで落ちた花や実なども取り除きます。

株が大きくなると倒れやすくなるので、茎にひもをかけて支柱に結びつけます。雌花を傷つけないように、雌花の少し下にひもをかけます。

6 人工授粉で実をつける

雌花が咲いた日の朝9時ぐらいまでに人工授粉をすれば、確実に実がつきます。花のつけ根がふくらんでいるのが雌花。ふくらんだ部分は、受粉すると果実になります。

雌花と雄花が咲いた当日、花のつけ根がふくらんでいない雄花を切り取ります。

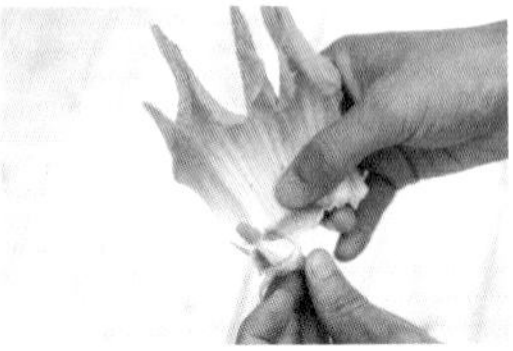

花びらをぐるりとむいて雄しべを露出させます。

雌花の雌しべの先端に雄しべの花粉をつけて受粉させます。花粉が少ないと、形が悪くなるか実が小さくなることがあるので、雌しべ全体にまんべんなく受粉させましょう。

Point!

1番果は早どりがコツ

実を食べる野菜の最初の果実を「1番果」といいます。1番果は小さなうちにとって養分を株の生長に回すのが、長くとり続けるコツです。ズッキーニの1番果は、開花の翌日くらいに収穫します。

葉の模様？ うどんこ病？

ズッキーニはうどんこ病にかかりやすいので気をつけてください。ただし、見た目はうどんこ病にそっくりですが、葉に白い模様が入る品種もあります。白い斑点が葉の表側にだけ見られる場合は模様、裏側にも斑点がある場合は、うどんこ病です。

7 収穫する

開花（受粉）から5日ほどたって、実の長さが20cmくらいになったら収穫です。

実の根元にハサミを入れて切り取ります。生長が早く、数日で大きくなるので、こまめに収穫してください。

ゆる〜い Column 4

生育中に土を足すのはなぜ？

プランター栽培では土の量が減っていくので、生育中に土を足します。根の張りが確保され、生育が順調になります。

プランター栽培では、はじめから土をいっぱいまで入れずに、途中で土を足していく栽培法が向いています。最初に土をいっぱいに入れてしまうと、プランターの中心部に酸素が行き渡らなくなり、根の張りが弱くなって生育に影響を与えることがあります。また、水やりのたびに鉢穴やスリットから土が流出して減っていくうえに、土と土のすきまが押しつぶされて土の中の酸素が減っていきます。栽培途中で新しい土を足すことで、根の張りをよくし順調に育てることができます。土を足すのは、根が露出するか、間引きの後などが適しています。個々の野菜の栽培プロセスは各ページを参照してください。

間引き後や土が減って根が見えてきたときが土を足すタイミング。

土を足す目安は、根や胚軸《はいじく》が出ている場合はその部分が埋まるまで。土が減ったときは、全体に1〜2cm分加える。

土を足したら、表面を手のひらで押さえて平らにならす。

土を足すとよい野菜

トマト、ナス、トウモロコシ、マメ類などの実もの類、ジャガイモ、カブ、ダイコン、ニンジンなどの根もの野菜

土を足さなくてもよい野菜

チンゲンサイやラディッシュなど、栽培期間が短く根の張りが浅い野菜

ピーマン

ナス科

収穫期間が長く、栄養豊富で使いやすい定番野菜

ピーマンは失敗が少なく、初心者向きの野菜です。1株でかなりの収穫量があるうえ、初夏から秋まで長く収穫が続くので、手軽に使えて重宝します。長期間にわたって安定して実をつけさせるには、肥料と水やりが欠かせません。1週間に1度液体肥料を与えて、秋まで株の勢いを維持します。

プランター選びのポイント

容量10〜20ℓ程度の、深さのある丸型容器に1株が目安。

1 苗を植えて支柱を立てる

低温に弱いので、十分に気温が上がった5月の連休以降に苗を植えます。本葉7～8枚で最初の花が開く直前で、ポットの鉢穴から根が少し伸びているのが植えつけ適期の苗です。

プランターの深さの7分目まで土を入れ、根を傷めないようにていねいにポットから抜いた苗を中央に置き、根元まで埋まるくらいに土を入れます。

株から5cmくらい離れたところに、長さ1.2mの支柱を1本立てます。

苗がぐらつかないように、支柱と茎をひもで8の字に結びます。水をたっぷりとやります。

2 肥料と水をやる

ピーマンは多くの肥料と水が必要です。植えつけ後、1週間に1度を目安に水に液体肥料を混ぜて与えます(p.41)。土の表面が乾いたときは、水やりだけを行います。

3 土を足す

水やりのたびに土が流れ出し、根が浮き上がってくるので、新しい土を足して根を乾燥から守ります。

根が2cmくらい埋まるように土を入れて平らにならします。

4 枝を整理してひもでとめる

最初の花のすぐ下から伸びるわき芽2本を残し、それより下のわき芽はつけ根から摘み取ります。

茎や葉が混み合ってきたら、内向きに伸びる茎や混んだ部分の葉を切り取ってすっきりさせます。

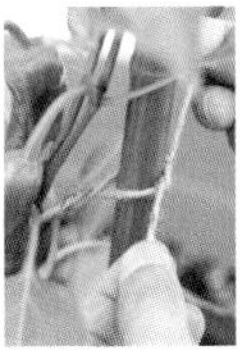

茎が細くて折れやすいので、生長に応じて茎を支柱にひもで結びつけて倒れないようにします。

最初にできた実は、その後の実つきをよくするために、長さ4～5cmの小さいうちに収穫します。

5 収穫する

開花から20日ほどたった実を収穫します。長さ6～7cmになった実から、ハサミで切り取ります。早めの収穫を心がけると、株が疲れず長く楽しめます。

Point!

枝や葉が広がってきたら

ピーマンは茎が折れやすいので、支柱にしっかりと結びつけます。茎や葉が広がったら、支柱からひもを伸ばして枝をつり下げるとよいでしょう。

オクラ

アオイ科

暑さに強く次々と実る、美しい花もチャームポイント

オクラは熱帯原産できわめて暑さに強く、気温が上がるとともにぐんぐん生長し、プランターでもどっさり収穫できます。実は開花から5日ほどでとりごろを迎えます。とり遅れると繊維がめだってかたくなるので、おいしいタイミングを逃さず収穫してください。秋まで長くとれるので、定期的に肥料を与えます。

プランター選びのポイント

多くの土を必要とするので、容量20～30ℓ程度の、深さのある角型容器に2株が目安。

calendar

	1	2	3	4	5	6	7	8	9	10	11	12
種をまく					■							
苗を植える						■						
収穫							■	■	■	■		

種をまく　苗を植える　収穫

1 種をまく

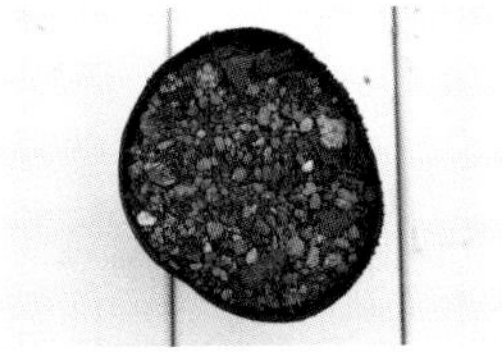

高温を好むので、気温が十分に上がってから種をまきます。ポットいっぱいに土を入れ、中央に種を1粒置きます。種の上に人差指をのせて、第1関節が埋まるくらいまで種を押し込み、土をかぶせて水やりします。

2 苗を植えて支柱を立てる

本葉4〜5枚で、ポットの鉢穴から根が少し伸びているのが植えつけ適期の苗です。

プランターの7分目まで土を入れ、ポットから抜いた苗を20cm以上の間隔をあけて置き、根元まで土を入れます。

苗から5cmくらい離れたプランターの両端に、長さ1.2mの支柱を2本立てます。日当たりのよい場所に置き、水をたっぷり与えます。

3 肥料と水をやる、土を足す

梅雨明けからぐんと生長するので、肥料と水を切らさないように管理します。植えつけ後は1週間に1度を目安に、水に混ぜた液体肥料を与えます(p.41)。土の表面に根が浮いてきたら、新しい土を足します。

4 ひもでとめる

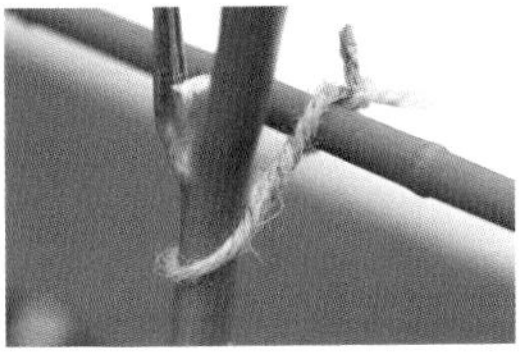

細い支柱を下から15〜20cmの高さに横に渡して交点をひもで縛ります。茎と支柱をひもで結び、倒れないように支えます。

5 枝を整理する

枝や葉が伸びて高さ1mくらいになったら、よい実をたくさん実らせるために、わき芽や葉を整理します。

葉のつけ根にわき芽が伸びてきたら、小さいうちに摘み取ります。

実は葉のつけ根から出るので、実がついている場所から下2枚の葉を残して、それより下の葉はすべて切り取ります。

実は次々と上にできるので、1個収穫するごとに下の葉を切り取るようにすると、風通しがよくなります。

6 収穫する

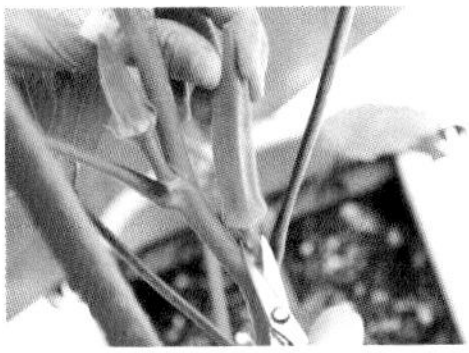

実の長さが5〜6cmになったら、つけ根の部分からハサミで切り取ります。収穫後は時間がたつとかたくなるので、早めに食べるようにします。

エダマメ

マメ科

さわやかなグリーンは夏の清涼剤、
手間がかからずつくりやすい

ダイズを未熟なうちに収穫したものがエダマメです。病気や害虫に強く、栽培プロセスはごくシンプル。プランターでもつくりやすい、初心者向きの野菜です。日照時間を長く確保したいので、日当たりのよい場所に置いてください。とりたてをすぐに塩ゆでするのが鉄則。濃厚なコクとうまみを存分に味わってください。

プランター選びのポイント

容量20～30ℓ程度で深さのある角型容器に6株（3株×2か所）が目安。

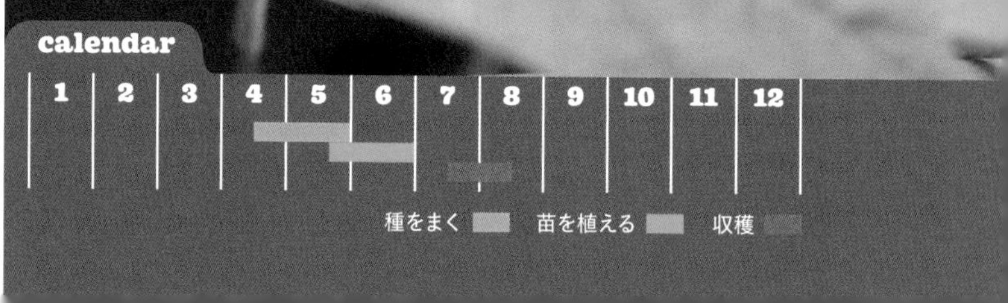

1 種をまく

種まき直後からしばらくの間は鳥に食べられやすいので、ポットに種まきして鳥の害を防ぎます。ポットいっぱいに土を入れて種3粒を等間隔に置きます。

種の上に人差指をのせて第1関節が埋まるくらいまで種を押し込みます。

土をかぶせて手のひらでぎゅっと押さえ、平らにならします。

たっぷりと水やりします。発芽するまでは土を乾かさないようにします。

2 苗を植える

本葉4～5枚になったら、3本のまま間引かずにプランターに植えつけます。

植えつけ適期の苗は、ポットの鉢穴から根が少し伸びているものです。

プランターの深さの7分目くらいまで土を入れて、20cm以上の間隔をあけてポットからはずした苗を置き、根元まで土をかけます。

水をたっぷりと与えて日当たりのよい場所に置きます。

3 肥料と水をやる

マメ科野菜は肥料分が少なくてよいので、2週間に1度の割合で水に混ぜた液体肥料を与えます(p.41)。土の表面が乾いたら水やりします。

4 土を足す

土の量が減ってくるので、2回に分けて新しい土を足します。1回めは、苗を植えてから1～2週間後です。

1番下の葉のすぐ下まで土を入れて、平らにならします。

2回めはさやができはじめたころ。1番下の本葉が隠れる程度まで土を入れ、平らにならします。

5 収穫する

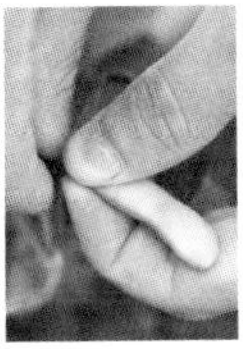

開花から30日ほどたったら収穫です。実がふくらんださやを選んで、1つずつ手で摘み取ります。

1株のさやがすべてとりごろになっていたら、根元をハサミで切って収穫することもできます。

収穫のタイミングを逃すと、豆がかたくなって味が落ちるので、とり遅れに気をつけてください。

ミニキャベツ

アブラナ科

葉がしっかり巻いた球は、やわらかで甘みたっぷり

ほぼ1年じゅう栽培できるキャベツですが、いちばんつくりやすいのは夏に苗を植えて、冬に収穫するタイプ。種から育てることもできますが、温度管理や害虫対策が必要なので、よい苗を購入して植えるのが手軽です。プランター向きなのは、栽培期間が短いミニタイプ。苗を植えてから約2か月で収穫できます。

プランター選びのポイント

多くの土を必要とするので、容量20～30ℓ程度の深さのある角型容器に2株が目安。

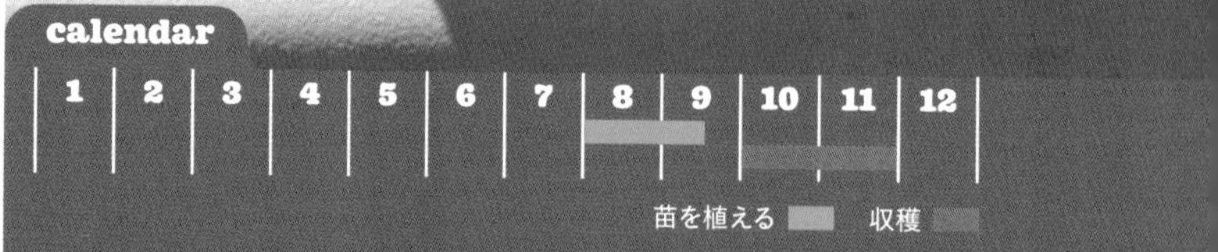

1 苗を植える

植えつけ適期の苗は、本葉が4〜6枚、ポットの底穴から根が少し伸びているものです。

プランターの深さの7分目くらいまで土を入れ、20cm以上の間をあけて、ポットから抜いた苗を置きます。根元が埋まるくらいまで土を入れます。

たっぷりと水やりします。

2 肥料と水をやる

植えつけ後、1週間に1度を目安に、水に混ぜた液体肥料を与えます（p.41）。土の表面が乾いたときは水やりのみ行います。

3 土を足す

根が表面に出てくる、茎が間延びする、などの状態になったら、新しい土を加えるタイミングです。1番下の葉のすぐ下まで土を入れます。

土を入れたら全体を平らにならします。

4 収穫する

植えつけから約2か月、葉がしっかりと巻いて大きく育ったら収穫です。

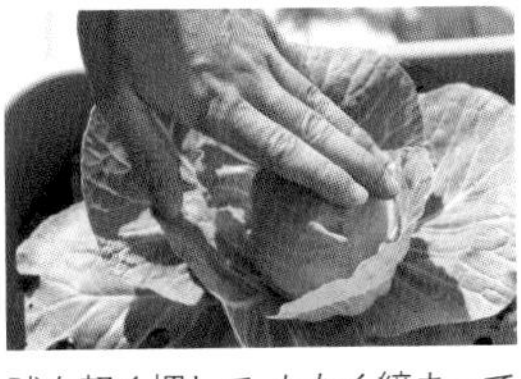

球を軽く押して、かたく締まっているのを確認します。

外側の葉を押し広げて、球の根元から切り取ります。

ソフトボール大の使いきりサイズ。やわらかくて甘みのある葉がぎっしり詰まっています。

Point!

結球させるコツ

結球には一定の枚数の葉が必要で、葉が大きく、数も多いほど大きな球ができます。そのため、寒くなる前にできるだけ大きな株に育てることが、ポイントです。植えつけの時期の遅れ、土の量が少ない、十分に葉を広げるスペースがないなどが原因で、結球しないことがあります。

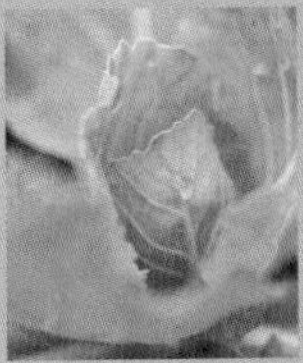

結球がはじまったばかりの若い株。

葉がしっかりと巻いて収穫期を迎えた株。

スティックブロッコリー

長く収穫できてプランター栽培向き、甘くてシコシコとした茎がおいしい

アブラナ科

茎ブロッコリーともいわれ、つぼみと長く伸びた茎のおいしさを味わう野菜です。つぼみは主枝だけでなくわきからも出ます。上手に育てれば1株で10～15本もの収穫があり、長期間楽しめます。花が咲くとかたくなるので、つぼみのうちに収穫してください。

プランター選びのポイント

多くの土を必要とするので、容量20～30ℓ程度の深さのある角型容器に2株が目安。

calendar

1	2	3	4	5	6	7	8	9	10	11	12

苗を植える　収穫

1 苗を植える

植えつけ適期の苗は、本葉5～6枚で、ポットの底穴から根が少し伸びているものです。

プランターの深さの7分目まで土を入れ、ポットから抜いた苗を20cm以上の間隔をあけて置きます。

根元が埋まるくらいまで土を入れて、たっぷり水やりします。

2 肥料と水をやる

植えつけ後、1週間に1度の割合で液体肥料を水に混ぜて与えます(p.41)。土が乾燥しているときは、水やりだけを行います。

3 土を足す

茎が間延びする、根が地表に出るなどの状態になったら、1番下の葉のすぐ下まで土を加えます。

土を入れて表面を平らにならします。

4 収穫する

つぼみが大きくふくらんできたら収穫です。はじめに主枝にできたつぼみを収穫します。

主枝のつぼみを収穫すると、わきからつぼみが次々と伸びてくるので、花が咲く前に切り取ります。

茎を長くつけて切り取ります。

Point!

アオムシ発生！

スティックブロッコリーやキャベツなどのアブラナ科の野菜は、アオムシをはじめとする害虫が多いのが特徴です。葉に穴があいているときは害虫が潜んでいることが多いので、葉の裏をめくって虫を探します。アオムシなどの大型の害虫は手や箸でつかみ取り、アブラムシなどの小さな害虫は粘着テープをペタペタと押し当てて取ります。

ゆる〜い
Column
5

病気や害虫の被害を受けたら？

野菜づくりに病気や害虫はつきものです。予防と早期発見、早期の対応が肝心です。

主な病気や害虫

うどんこ病　葉や茎の表面が白い粉をまぶしたようになり、症状が進行すると全体が枯れはじめる。日当たりと風通しよく育てる。

アオムシ　モンシロチョウの幼虫で、キャベツやブロッコリーなどのアブラナ科野菜につく。見つけしだい捕まえる。

アブラムシ　新芽や葉裏に寄生して葉の汁を吸う。あっという間に増えるので、発生の初期段階で退治する。筆で払い落したり、粘着テープで取るとよい。

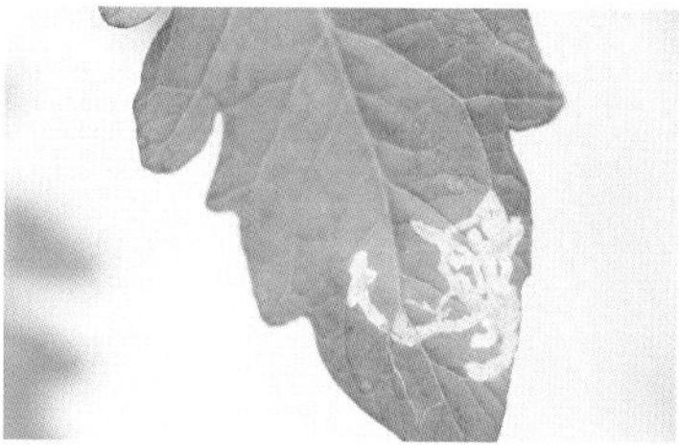

ハモグリバエ　幼虫が葉の内部に入り込んで葉を食べながら移動するので、葉に白い模様ができる。模様の先にいる虫を手でつぶすか、葉を切って拡大を防ぐ。

新しい培養土を使えば、病気や害虫の被害は少ないものです。しかし、生育中に害虫やカビの胞子などが飛来することは避けようがありません。丈夫なよい苗を植えて、日当たりと風通しのよい場所で育てること——まずは病気や害虫に強い株づくりをめざします。そして、毎日野菜の様子を観察して、害虫を見つけたら取り除き、病気の葉は切り取るなど、早めの対処を心がけます。被害が拡大したときは、薬剤の散布も考慮に入れておきましょう。薬剤は、野菜の種類や症状ごとに使える種類や使用方法が決まっているので、ラベルや取扱説明書をよく読んで使ってください。

病気や害虫を防ぐには

健康な苗を選んで植える
清潔な培養土を使う
日当たりのよい場所で育てる
株間を広くとる
風通しをよくする
枯れた葉はこまめに取り除く
土の水はけをよくする
土の乾きすぎと湿りすぎを繰り返さない

ゆる〜い
Column
6

使用後の土は リサイクルできるの?

野菜づくりを終えた培養土は、枯れ葉や根を取り除いて再利用します。
市販の再生資材を使うと手軽にできます。

1 株を引き抜き、根をほぐして土を落とす。

2 土をふるいにかけて根や枯れ葉を取り除く。

3 ふるいの目を通り抜けた細かい根があれば拾い集める。

4 リサイクル資材の説明書にしたがって、規定量の資材を加えよく混ぜる。

5 ビニール袋に土を入れて口を閉じる。土や肥料の袋が便利。

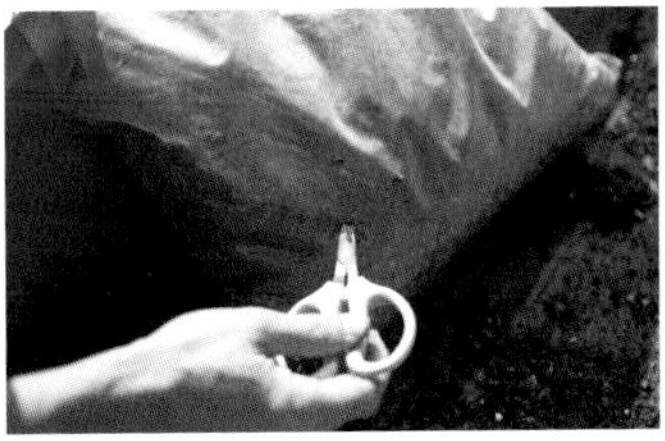

6 袋に小さい穴をあけて通気性をよくし、日の当たる場所に2日ほど置く。

　野菜をつくり終えた土は、土の中の肥料分が消費されてバランスがくずれたり、特定の病原菌が増えたりして疲れています。古い土をそのまま次の野菜づくりに使うと、生育が悪くなることがあるので避けてください。新しく野菜をつくるたびに新しい培養土を使うのが望ましいのですが、それが難しいときは、微生物の力を利用して土を再生する資材を使ってリサイクルしてみましょう。

微生物の働きで効率よく土を再生する資材。多くの商品がある。

岡井路子（おかい・みちこ）

ガーデニングカウンセラーとして、初心者でも気軽に楽しめるガーデニングを、テレビや雑誌、講演で紹介している。20年ほど前から横浜で畑を借りて野菜づくりを楽しんでいる。著書に『カップ de野菜』（東京地図出版）、『おうち野菜でかんたんごはん』（日東書院本社）ほか。

戸部孝綱（とべ・たかつな）

東京農業大学農学部卒業後、東京都の高校教諭として、都立農芸高校、都立園芸高校などで教鞭をとる。おもに、「野菜」を担当している。監修書籍に『おいしく育てたい　はじめての野菜づくり』（池田書店）、『コンテナでできる　はじめての野菜づくり』（新星出版社）などがある。

たなかやすこ

ガーデニングクリエイター＆イラストレーター。自宅ベランダでの栽培経験をもとに、狭い場所でも育てやすく見た目も美しい野菜づくりの提案や、自然のバランスに近づけるコンテナ栽培を提唱。『ベランダ寄せ植え菜園』（誠文堂新光社）など著書多数。

監修／岡井路子、戸部孝綱、たなかやすこ
編集協力／豊泉多恵子
撮影／中川まりこ、鈴木正美
デザイン／山本 陽、菅井佳奈（エムティ クリエイティブ）
イラスト／山本 陽
料理制作／牧田敬子
撮影協力／青葉農園
校正／（有）かんがり舎

コップひとつから始める
ゆる〜い野菜づくり

2021年4月20日　第1版発行

編　者　やさい畑編集部
発行者　関口 聡
発行所　一般社団法人 家の光協会
〒162-8448
東京都新宿区市谷船河原町11
電話　03-3266-9029（販売）
03-3266-9028（編集）
振替　00150-1-4724
印　刷　凸版印刷株式会社
製　本　凸版印刷株式会社

ISBN978-4-259-56688-3 C0061